KB047372

"In order to be irreplaceable,
one must always be different."

대체할 수 없는 존재가 되기 위해선 늘 달라야 한다.

— 코코 샤넬 —

마음을 움직이는 일

전우성의 브랜딩 에세이

전우성 지음

넉스톤

마음을 움직이는 일

2021년 10월, 제 첫 책《그래서 브랜딩이 필요합니다》를 발간하고 어느덧 1년 하고도 수개월이 흘렀습니다. 첫 책에는 제가 몸담았던 브랜드를 중심으로 제가 어떤 과정을 거치며 브랜딩을 전개했는지, 그리고 그 안에서 제가 느끼고 경험한 것은 무엇인지에 대해 썼습니다. 그런데 막상 책을 내고 나니 브랜딩에 대해 미처 풀어놓지 못한 생각들이 아직 제 머릿속에 많다는 것을 느꼈습니다. 하나의 방향으로 가지런히 정리되지 않고 파편화된 채 말이죠. 두 번째 책에서는 이것을 여러분과 공유하고자 했습니다.

물론 지금껏 제가 실행하고 경험하며 쌓아온 브랜딩에 대한 생각이 아직은 크게 달라지지 않았으니 첫 책과 비슷한 부분도 분명히 있을 겁니다. 하지만 첫 책에서 다루지 않은 내용 또한 많고, 이미 다룬 내용 중에서도 더욱 강조하고 싶은 바가 있어 이 책에서 여러분과 다시 나누고 싶었습니다. 브랜딩에 관해 많은 분들이 궁금해하는 질문에 대한 제 생각을 말씀드리고 싶기도 했고요.

오랜 기간 브랜딩을 업으로 삼고 일해오면서 많이 경험하고 느꼈습니다. 그걸 한마디로 축약한다면, 브랜딩이란 결국 사람의 마음을 움직이는 일이라는 것입니다. 여기서의 일이란 사람의 마음을 움직이기 위한 다양한 기획과 활동이며, 그게 바로 제 일이죠.

사람의 마음을 움직인다, 멋진 말이지만 생각만큼 쉽지는 않습니다. 아니, 굉장히 어렵죠. 이 책을 읽으시는 분이라면 모두 경험이 있으리라 생각합니다. 외모와 스타일이 멋지다고 해서 누군가의 마음을 움직일 수 없습니다. 마음을 움직이려면 외적 매력 말고도 다양한 것들이 필요해요. 우선 내게 남들과 뭔가 다른 지점이 있어야 상대방이 나를 보게 됩니다. 나의 생각과 그것을 전달하는 말 그리고 말투도 영향을 미칩니다. 그리고 꾸준히 상대에게 나를 어필하고, 내 마음을 그들에게 보여줘야 합니다. 일관되게 그리고 지속적으로 말이죠. 때론 나만의 위트와 센스도 필요합니다. 그 외에도 사람의 마음을 움직이는 요소는 다양할 거예요. 이와 관련해 제가 그간 경험하고 느꼈던 것들의 조각들을 짤막한 에세이를 쓰듯 적어내려갔습니다. 그런 점에서 이 책을 브랜딩 에세이라 보셔도 무방합니다.

　이 책을 읽은 분들이 마음 움직이는 법을 터득(?)하기를 바라지는 않습니다. 그보다는 전우성이라는 브랜딩 디렉터가 지금껏 다양한 브랜드를 이끌어오면서 고객의 마음을 움직이기 위해 어떤 지점을 중요하게 여겼으며, 생활에서의 경험을 통해 무엇을 느꼈는지 함께 나누고 싶었습니다. 그러니 되도록 가벼운 마음으로 읽어주시면 감사하겠습니다. 물론 이 책에서 브랜딩에 대한 작은 인사이트라도 느끼셨다면 더할 나위 없겠고요. 고맙습니다.

　　　　　　　　　　　　　2023년 봄날에 전우성 드림

차 례

01. 좋은
브랜딩의
조건

02. 마음을 움직이는 일

브랜딩과 연애의 공통점 | 니즈에 대하여 | 고객, 그들이 찾아오게 해야 합니다 | 고객 중심과 브랜드 중심 | 브랜드 팬덤 | 신규 고객과 기존 고객 | 논리와 직관 | 어느 스웨덴 브랜드의 할인코드명 | 백화점에서 소주 한 병 구매한 썰 | 감동의 효과 | 브랜딩과 정량적 결과 | 1등의 브랜딩 | 그리고 2등의 브랜딩 | 브랜딩과 마케팅의 차이 | 그것을 좋아할 이유 | 마켓셰어와 마인드셰어 | 브랜드 타깃 | 브랜드 페르소나와 고객 페르소나 | 지그재그와 윤여정 배우 | 세대가 아닌 취향 | 크게 생각하고 작게 시작하라 | 재즈를 트는 편의점 | 브랜드를 알리는 소재 찾기 | 바르셀로나의 어느 키즈용품 매장 | 우리 브랜드의 본질을 알리고 있나요? | 배와 물

03. 인식을
만드는 일

04. 우리가
기억해야
할 것

05. 브랜드를 만들고 알리는 사람들

257

브랜딩이 세상에 어떻게 기여할 수 있을까 | 또 다른 즐거움 | 직장인과 직업인 | 업에 집착하는 사람 | 브랜드보이 | 아무말 | 브랜드 디렉터와 브랜딩 디렉터 | 브랜딩 디렉터와 브랜드 마케터 | 브랜드 마케터보단 브랜드 빌더 | 더 많은 기회 | 적은 예산, 최고의 효과 | 커리어를 위한 현실조언 | 무제 | 트렌드를 알아야 하는 이유 | 그러나 트렌드 책을 읽지 않는 이유 | FOMO | 퍼스널 브랜딩 | 이력서 | 채용 인터뷰 | 평판에 대한 생각 1 | 평판에 대한 생각 2 | 브런치를 시작한 이유 | 브랜딩을 시작하는 분들께 드리는 썰 | 브랜딩이라는 업 | 권한과 책임 | 자기만의 원칙 | 그들의 처음 | 전문가라는 호칭 | 우리 브랜드는 지금 어디쯤 있을까 | 실패를 두려워하지 않는 용기 | 생존이 먼저입니다, 다만 | 세일에 대한 생각 | 브랜딩이 쉽지 않은 이유 | 중요한 건 꺾이지 않는 마음 | 무제 | 엔드리스 게임

에필로그
또 하나의 응원**315**

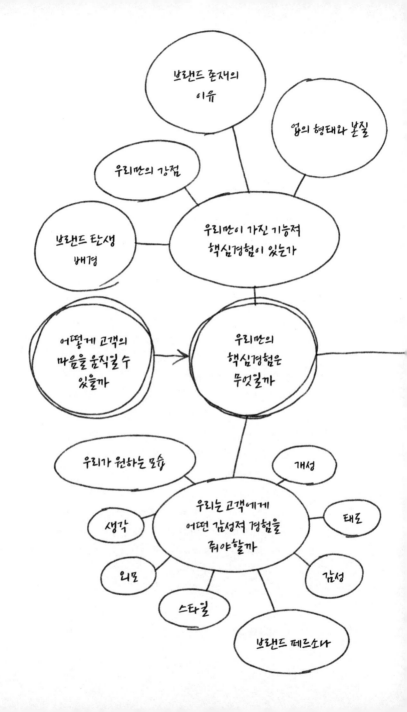

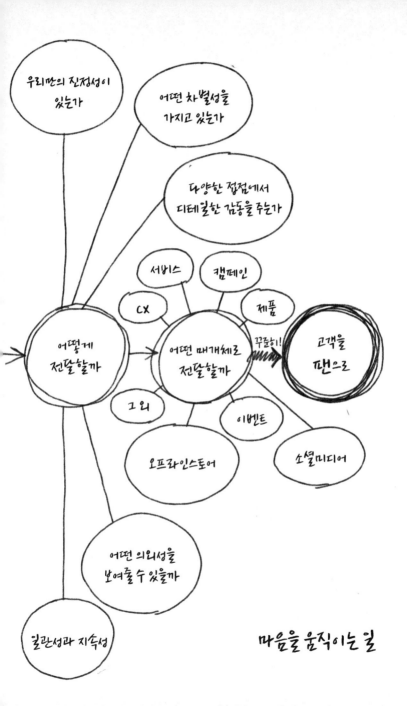

브랜딩의 시대

모두 브랜딩을
말합니다

요즘처럼 브랜딩이란 단어가 흔했던 때가 없었던 것 같습니다. 사람들이 왜 이렇게 브랜딩에 관심을 갖게 되었을까요? 사실 저도 모릅니다. 몇 년 전부터 퍼스널 브랜딩이란 단어가 유행하면서 그리된 것은 아닌지, 짐작 정도 해볼 뿐입니다.

확실한 것은 브랜딩에 대한 사람들의 관심이 점점 커지고 있다는 것입니다. 예전에는 브랜딩을 마케팅에 포함된 그 무엇이라 생각했었습니다. 하지만 이제는 거꾸로 전체적인 브랜딩 전략 안에서 마케팅을 전개하는 경우도 종종 보곤 합니다.

과연, 브랜딩은 무엇일까요?

사람마다 의견이 다양하겠지만, 저는 브랜딩이란 결국 브랜드의 팬을 만드는 모든 과정이라 말하고 싶습니다. (제 첫 책에서도 브랜딩을 이렇게 정의했죠. 그간 제 생각이 바뀌지 않았으니 다시 한 번 이야기합니다.)

그렇다면 왜 팬을 만들어야 할까요? 팬들에게는 그 브랜드가 대체할 수 없는 무언가가 되기 때문입니다. 어떤 영역에서 이 브랜드 외에 다른 무언가는 크게 고려하지 않는다는 것이죠. 이는 (브랜드의 경우) 재구매로 연결되어 기업의 꾸준한 수익 창출로 이어집니다.

수익 창출이라는 단어가 나오니 조금 딱딱해 보이나요? 하지만 브랜드를 사용하는 팬도 행복하고 팬들의 지지를 받는 브랜드도 행복하다면 일종의 윈윈(win-win)인 셈이죠. 퍼스널 브랜딩도 마찬가지고요. 나를 브랜딩함으로써 나의 지지층을 만들고, 나에게서 뻗어나온 다양한 무언가를 만들어가는 것이니까요. 그래서 많은 이들이 퍼스널 브랜딩에서 '부캐' 그리고 부가 수입을 자연스럽게 떠올리는지도 모르겠습니다.

이런 이유, 그리고 그 밖의 모든 이유로 오늘날 브랜딩이란 단어는 나이에 상관없이 누구나 한 번쯤 관심 가질 만한 단어가 되었습니다. 바야흐로 브랜딩의 시대입니다.

목적구매와
가치소비

우리가 하는 소비의 형태는 크게 두 가지로 나눌 수 있을 겁니다. 하나는 목적구매입니다. 말 그대로 명확한 목적을 갖고 제품을 사는 것입니다. 밥을 먹기 위해 쌀을 사고, 휴지가 필요하면 휴지를 사죠. 즉 생활에 필요해서 목적을 갖고 구매하는 제품이 해당됩니다. 오랫동안 소비자들은 뚜렷한 목적하에 다양한 제품을 구매했고, 그 과정에서 수많은 기업이 성장했습니다. 우리나라 대기업들만 보아도 초창기로 거슬러 올라가 보면 상당수가 의식주와 관련된 목적구매 제품을 만들며 성장 기반을 다졌죠.

목적구매에서 선택을 결정하는 요인은 명확합니다. 하나는 성능, 다른 하나는 가격이죠. 하지만 제조기술의 발달로 제품의 성능이 상향 평준화되었고, 더이상 가격만으로 승부를 보기가 힘들어졌습니다. 힘들어졌다기보다는 부담스러워졌다는 말이 더 맞을지도 모르겠네요. 가격을 낮추는 것은 기업의 마진을 일부 포기한다는 뜻이니까요. 또한 가격경쟁은 필연적으로 가격전쟁(?)으로 이어져 모든 기업을 힘들게 합니다. 품질의 차이가 거의 없는 상황에서 경쟁사가 더 낮은 가격으로 판매하는데 어떻게 가만있을 수 있겠습니까. 자연히 품질을 어느 정도 포기하고 원가를 낮추거나 기업 마진을 줄일 수밖에 없게 됩니다.

그래서 몇몇 기업들이 다른 방법을 생각해냈습니다. 그것이 바로 가치소비입니다. 가치소비란 그 기업이나 브랜드가 가진 이미지를 구매하게 하는 것입니다. 그 기업만의 이미지가 소비자의 마음과 감정을 움직인다면, 그 힘으로 가격의 문턱을 넘게 됩니다. 비싼 가격을 치르면서 명품을 구매하는 것에서 쉽게 설명되죠. 가치소비의 영역이 확장되면서 이제는 제품이 나에게 주는 가치를 구매하고, 그것이 나를 대변하는 시대가 되었습니다. 어쩌면 예전부터 그러했는데 요즘 더 부각되고 있는지도 모르겠네요.

이렇듯 우리가 하는 대부분의 소비는 목적구매와 가치소비로 크게 나눌 수 있습니다. 브랜딩은 그중 가치소비에서 출발합니다.

내가 나이키를 구매하는 이유

세상에 운동화는 많습니다. 가격도 다양하죠. 그중에서 저는 주로 나이키를 구매합니다. 하지만 나이키가 다른 운동화에 비해 쿠션감이 좋다거나 더 가볍다거나 착화감이 월등히 낫다는 생각을 해본 적은 정말 단 한 번도 없습니다. 솔직히 말하면 뉴발란스가 저에게는 더 편해요. 그렇다고 나이키가 더 저렴한 것도 아니고요.

그런데 이상하죠? 그럼에도 저는 매번 나이키에 눈독을 들입니다. 이번에는 어떤 제품이 나왔는지 주기적으로 살펴요. 왜일까요? 제가 나이키라는 운동화보다는 나이키라는 브랜드가 가진 이미지를 구매하기 때문입니다. 나이키가 지금까지 저에게 심어준 이미지를 바탕으로, 나이키를 신었을 때 주위 사람들의 눈에 비친 제

모습이 어떨지를 생각하는 것이죠. 그래서 비싸도 그냥 사요. 그러면서 자연스럽게 저는 나이키의 팬이 되었습니다. 이것이 바로 브랜드의 힘이고, 브랜딩이 필요한 이유입니다.

브랜딩은 브랜드, 즉 기업 입장에서 남들과 구분되는 '나만의 무엇'을 만드는 행위지만, 기업 입장에서만 작동하는 것은 아닙니다. 이를 사용하는 소비자도 브랜드를 통해 나를 남들과 구분 짓고, 나아가 자기만의 무엇을 만들 수 있죠. 남들이 나를 보는 이미지든 그냥 자기 혼자 느끼는 감정이든 말입니다.

왜? 그리고
어떻게?

브랜딩은 질문을 던지는 것에서 시작합니다. 그중에서도 가장 중요한 질문은 두 가지 아닐까 싶어요.

'왜 우리가 이것을 해야 하지?', '왜 우리가 고객들에게 이런 모습을 보여줘야 하지?' 하며 이유(why)를 찾는 질문이 하나고요. '그렇다면 남들과 다른 모습을 어떻게 보여줘야 하지?', '어떻게 해야 이것을 일관되게 지속할 수 있지?' 하며 방법(how)을 묻는 질문이 다른 하나입니다. '왜'를 담은 질문은 행동의 근간을, '어떻게'를 담은 질문은 그 행동을 우리답게 하는 방안을 제시합니다.

브랜드의
존재이유

한번 생각해보세요. 우리의 브랜드는 왜 세상에 존재해야 하나요? 우리 브랜드가 세상에 없다면 사람들은 무엇을 불편해하거나 아쉬워할까요? 생각나지 않는다고요? 그렇다면 우리 브랜드에 남들과 다른 '무언가'가 없다는 뜻입니다. 그럼 지금부터 어떤 것을 만들어야 이 질문에 답할 수 있을까요? 브랜딩을 시작한다면 가장 먼저 이에 대한 답을 찾아보시기 바랍니다.

우리 브랜드가 세상에 없다면
사람들은 무엇을 불편해하거나
아쉬워할까요?

이름값

보통 누군가가 그 사람다운 모습을 보여줬을 때 우리는 '이름값한다'고 말합니다. 저는 이 이름값이라는 단어가 브랜딩과 매우 비슷하다고 생각해요. 사람이 자신의 이름값을 하는 것처럼, 브랜드도 그 브랜드다운 모습을 만들고 그것을 어떤 방식으로든 보여줘야 합니다. 그것이 바로 브랜드의 이름값을 만들어가는 과정인 '브랜딩'인 것이죠. 그런 과정과 행동이 쌓여 사람들에게 그 브랜드다운 모습이 무엇인지 인지되었다면? 사람들은 그 모습을 그 브랜드를 쓰는 자신과 연결지어 생각하게 돼요. 마치 제가 나이키를 구매하는 것처럼요.

사람들이 파타고니아를 좋아하고 구매하는 이유도 다르지 않을 겁니다. 2022년, 파타고니아는 창업주와 가족의 지분을 모두 환경단체에 기부했어요. 그동안 만들어온 파타고니아라는 브랜드의 이름값을 제대로 한 거죠. (파타고니아는 할 이야기가 많으니 뒤에 다시 다루겠습니다.)

어떻게
시작해야 할까

"브랜딩이 중요한 건 알겠는데 어디서부터 시작해야 해요?"

자주 듣는 질문입니다. 솔직히 정답은 없죠. 다만 제 방식을 말씀드리자면, 저는 브랜드의 핵심경험을 고민하는 것에서 시작하곤합니다. 핵심경험이란 그 브랜드를 접하거나 사용하는 소비자(고객)에게 반드시 전달해야 하는 경험이라 생각하면 좋습니다. 나는 누구고 무엇으로 불리기를 원하며 과연 나다운 것은 무엇인가. 우리 브랜드가 고객에게 전달해야 할 경험이 무엇인지, 고객이 우리 브랜드를 사용하거나 바라볼 때 느꼈으면 하는 경험은 어떤 것인지를 먼저 고민해보는 것, 이것으로부터 브랜딩을 시작해보면 어떨까요.

기능적
경험

핵심경험이 무엇인지 모호하다고요? 기능적 경험과 감성적 경험으로 나누어 접근하면 좀 더 명료해질 겁니다.

먼저 기능적 경험입니다. 하늘 아래 같은 사람이 없듯 브랜드 또한 크든 작든 저마다의 장점이 모두 다릅니다. 그렇기에 핵심경험을 고민한다면 이것을 먼저 생각해보면 좋겠습니다. 우리 제품 혹은 서비스가 기능적인 측면에서 남들과 가장 다른 점은 무엇인가? 이것을 저는 기능적 핵심경험이라 부릅니다.

여러분의 제품과 서비스에는 기능 면에서 어떤 차별점이 있나요? 다른 서비스가 아직 제공하지 않는 기능인가요? 아니면 그 기능을 시장에 처음 선보인 브랜드인가요? 그것도 아니라면 남들보다 조금이라도 더 낫나요? 그렇다면 그것을 기능적 핵심경험이라 정의할 수 있습니다.

정의했다면 어떻게 해야 할까요? 우리 브랜드만의 강점으로 사람들에게 어떤 식으로든 어필해야죠. 제가 브랜딩을 맡았던 라운즈ROUNZ라는 브랜드가 있습니다. 라운즈는 쉽게 말해 안경 쇼핑몰인데요. 이 브랜드만의 기능적 강점이 무엇인지 찾던 중 가상피팅이라는 기능을 발견(?)했어요. 스마트폰의 증강현실(AR) 기능을 활용해 라운즈 앱에서 다양한 안경을 써보는 기능입니다. (지금 라운즈 앱을 설치하고 한번 해보세요.) 경쟁사는 아직 제공하지 않는 라운즈만의 기능이었죠. 그래서 이를 브랜드의 기능적 핵심경험으로 정의하고, 서비스 모습부터 커뮤니케이션 방식까지 모든 것을 이 핵심경험에 맞추어 바꾸었습니다. 그 결과 라운즈 앱의 이용자 수와 가상피팅 사용 수치가 폭증하고, '아이웨어 가상피팅=라운즈'라는 인지가 만들어지기 시작했습니다.

기능적 핵심경험은 사람으로 치자면 전문성 혹은 나만이 가진 기능적 강점이라 할 수 있습니다. 브랜딩 디렉터로 일하는 저의 기능적 핵심경험이 바로 브랜딩인 것처럼요.

당신의 브랜드는
어떤 감성적 경험을
주고 있나요?

그렇다면 감성적 경험은 무엇일까요? 사람들이 특정 브랜드를 접할 때 느끼는 감정입니다. 조금 더 쉽게 말하면, 그 브랜드만의 이미지와 개성이라 할 수 있죠.

반드시 그런 건 아니겠지만 기능적 측면에서 자기만의 핵심경험을 내세울 수 없는 브랜드도 아마 있을 겁니다. 자신과 경쟁자의 품질이 엇비슷한 브랜드들, 기능적으로 경쟁자와 크게 다르지 않은 서비스들이 그렇겠죠. 이런 경우에는 브랜드가 지향하는 감성적 경험을 설정하는 것으로 핵심경험을 만들어볼 수 있습니다. (물론 기능적 경험과 감성적 경험을 동시에 생각하는 것이 가장 좋지만요.)

감성적 경험에서 중요한 것은 우리 브랜드만의 개성을 어떻게

도출할지입니다. 여기에는 시각적 경험과 커뮤니케이션 방식 등이 포함될 수 있는데요. 사람으로 치면 그만의 외모와 스타일, 또렷한 개성을 정하는 것이라 할 수 있겠죠.

가장 먼저 떠오르는 예는 배달의민족(이하 배민)입니다. 배달은 기능적으로 이렇다 할 차별화 경험을 주기 어려운 서비스입니다. 배달 속도도 어느 정도 상향 평준화되어 있고요. 그렇기에 배민은 기능적 경험으로 차별화하기보다 감성적 경험에서의 차별화를 택했습니다. 배민 하면 떠오르는 키치한 B급 코드의 경험 말이죠. 이 기조는 커뮤니케이션부터 시작해 그들만의 재미있는 굿즈, 배민 신춘문예와 치믈리에 자격시험까지 일관되게 이어졌습니다. 이를 통해 배민은 다른 곳과 확실히 선을 긋는 감성적 경험을 만들어 냈습니다.

현대카드도 마찬가지입니다. 잘 알다시피 카드사의 혜택은 사실 크게 다르지 않죠. (혹여 다르다 하더라도 이를 인지하는 사용자는 거의 없습니다.) 그렇기에 현대카드는 남들과 다른 감성적 경험을 주고자 꾸준히 노력해왔습니다. 매우 다양한 그러나 통일감 있는 카드 디자인과 슈퍼콘서트, 그리고 오프라인 라이브러리 등으로 이어지는 '문화'라는 키워드입니다. 이것으로 현대카드는 다른 카드사와 확실히 구분되는 감성적 경험을 만들었습니다. 현대카드를 사용하는 것만으로도 디자인과 컬처에 관심 많은 사람이라는 이미지가 생기니 대단하죠. 이것이 현대카드가 고객에게 전달하는 감성적 핵심경험 아닐까요.

핵심경험을
설계해봅시다

이렇듯 핵심경험을 설계하는 것은 브랜딩의 가장 중심이 되는 작업이자 브랜드다움을 설계하는 기초 과정입니다. 사람으로 비유하면 내가 남들보다 잘하는 것은 무엇인지, 내 스타일과 개성은 남들과 어떻게 다른지를 규정하는 것과 유사합니다. 브랜딩을 시작할때 브랜드의 핵심경험을 먼저 고민해야 한다고 강조한 것도 이 때문입니다. (이 외에도 브랜드 미션 설정, 비주얼 아이덴티티에 대한 고민등 여러 가지가 있죠. 이에 대해서는 뒤에 다시 이야기하겠습니다.)

물론 쉽지 않은 작업이지만 어쩌겠어요. 핵심경험을 먼저 고민하지 않으면 우리 브랜드의 명확한 정체성을 정하지 않은 채 브랜딩을 시작하게 돼, 고객에게도 일관된 모습을 보여줄 수 없습니다.

한 가지 경험에
집중해보세요

지금까지 핵심경험에 대해 이야기했는데요. 혹시 고객에게 전달하고 싶은 경험이 너무 많아서 고민인가요? 우리 제품은 이것도 좋고 저것도 남들보다 뛰어나고, 이런 이야기도 하고 싶고 저런 이야기도 하고 싶고, 이런 이미지를 심어주고 싶은데 다른 이미지도 포기할 수 없고… 그래야 사람들이 우리 브랜드가 더 좋다는 것을 알 것 같나요? 그거, 욕심이더라고요. 전달하고 싶은 것이 많으면 아무것도 전달하지 못합니다. 정말 전달하고 싶은 경험을 한두 개만 찾으세요. 기능적 경험 하나, 감성적 경험 하나 정도로 말이죠. 그리고 그것에 집중하세요.

브랜딩을 하다 보면 그것만 전달하기도 벅찹니다.

만병통치약

예전에 어떤 분을 만났는데, 마치 브랜딩을 만병통치약처럼 생각하더군요. 모든 것을 멋지게 뚝딱 바꿔줄 수 있는 그런 거요. 브랜딩은 마술이 아닙니다. 브랜딩은 기업이 목표한 것을 이루기 위한 비즈니스 전략 중 하나이자 투자입니다. 그런 생각을 하는 분에게는 오히려 이렇게 묻고 싶습니다.

"당신의 제품과 서비스는 사용자들에게 남들보다 조금이라도 나은 경험을 주고 있나요?"

01.

좋은 브랜딩의 조건

둘째아이의
질문

어느 날 유치원에 다니는 저희 둘째아이가 물었습니다. "아빠, 브랜딩이 뭐야?"

아이의 눈높이에 맞게 어떻게 설명해야 할지 조금 막막하더라고요. 그래서 잠시 생각하다가 이렇게 말했습니다. "응, 사람들이 내 이름을 기억하고 나를 좋아하도록 만드는 거야."

반면 초등학생인 첫째는 브랜딩에 대해 이렇게 말합니다. 브랜딩은 브랜드를 그 브랜드답게 만드는 거라고요. 아무래도 저의 영향인 것 같습니다.☺

우리 브랜드를 우리 브랜드답게 만들려면, 그래서 사람들이 우리 브랜드를 기억하고 좋아하게 만들려면 브랜딩을 준비하고 기획할 때 어떤 요소를 점검해야 할까요? 여러 가지가 있겠지만 개인 적으로 그중 중요하다고 여기는 몇 가지를 이야기해보겠습니다.

업의
정의

우리 브랜드의 '업의 정의'는 무엇인가요? 쇼핑몰이요? 아뇨, 그것은 업의 형태고요. 왜 이 업을 하는지 말할 수 있나요? 업의 정의는 우리가 왜 이 일을 하는지, 나아가 그것으로 무엇을 이루려 하는지를 의미합니다. 앞서 언급했던 라운즈는 안경 쇼핑몰이지만 이것은 말씀드린 대로 업의 형태고요, 세상 모든 이들이 안경을 구매하고 쓰는 일이 즐거운 경험이 되도록 만드는 업으로 정의합니다. 제가 몸담았던 온라인 편집숍 29CM 역시 사람들의 더 나은 선택을 돕는다고 자신의 업을 정의합니다.

업의 정의에 맞추어 라운즈는 가상피팅이라는 기능을 제공하고, 29CM는 스토리텔링에 집중합니다. 이렇듯 업의 정의를 내리면 무엇에 집중해서 브랜딩해야 할지 방향을 잡을 수 있습니다. 브랜딩을 하는 분들에게는 정말 중요한 부분입니다.

젠틀몬스터 이야기를 잠시 해볼까요. 젠틀몬스터는 국내에 몇 안 되는 글로벌 아이웨어 브랜드입니다. 그들이 전개하는 브랜딩은 '과감하다'는 말로는 부족합니다. 감탄이 나오죠. 젠틀몬스터의 플래그십 스토어, 그들의 룩북이나 캠페인을 보면 단번에 공감하실 거예요. 그 기조는 서브 브랜드인 템버린즈와 누데이크에도 고스란히 반영되어 있죠.

언젠가 젠틀몬스터의 김한국 대표 인터뷰를 읽은 적이 있는데요. 그들의 업을 안경 제조업이 아닌 브랜딩업으로 정의한다는 내용이 가장 인상적이었습니다. 그제야 이해가 되었습니다. 젠틀몬스터가 과감하게 브랜딩에 투자하는 이유를요. 맥도날드가 자신의 업을 햄버거 비즈니스가 아닌 쇼 비즈니스로 정의한 것도, IBM이 컴퓨터 회사가 아닌 솔루션 회사로 업을 정의한 것도 같은 맥락일 겁니다. 이처럼 업을 어떻게 정의하느냐에 따라 사업과 서비스의 방향도, 브랜딩의 방식도 완전히 달라집니다. 여러분의 브랜드는 업의 정의가 무엇인가요?

브랜드 미션
그리고 비전

브랜드의 미션과 비전을 혼동하는 분들이 많습니다. 그에 대한 정의도 사람마다 조금씩 다르고요. 이에 대한 제 생각을 정리해보았습니다.

브랜드 미션(mission)이란 업의 본질을 말합니다. 이 브랜드가 존재하는 이유라고 보아도 좋겠네요. 우리 브랜드는 왜 존재하나요? 물건을 팔기 위해서라고요? 앞에서 말했듯이 그것은 업의 형태죠. 그거 말고 '왜 이 물건을 파나요?', '이 물건을 팔아서 우리가 고객에게 전달할 수 있는 가치는 무엇인가요?'에 대한 답이 필요합니다.

브랜드 미션을 다시 언급하는 이유는 브랜드의 확장성과 밀접하게 연관되기 때문입니다. 우리 브랜드가 침대 매트리스를 판매하면서 고객에게 양질의 수면을 제공하겠다는 미션을 세운다면, 그 방향으로 더 뾰족하게 또는 더 크고 넓게 확장할 수 있습니다. 단순히 침구류 라인을 늘리기보다 편안한 수면을 위한 앱을 개발할 수도 있고, 숙면에 도움이 되는 향이나 수면 유도를 위한 음악을 제공할 수도 있죠. 브랜드 미션은 우리 브랜드가 나아갈 방향을 정의하는 데 필수적이며, 제조업이나 서비스업 같은 업의 형태를 넘어 더 큰 이상을 바라보게 합니다. 이러한 이상을 브랜드 비전(vision)이라 할 수 있습니다. 물론 여기에는 기업의 정성적 가치나 정량적 수치도 포함될 수 있겠죠.

결국 브랜드 미션은 제공하는 서비스 전반을 아우르며 우리가 어떤 생각을 가지고 어느 방향으로 갈지, 고객에게 어떤 것을 전달할지를 정하는 대단히 중요한 작업입니다. 그런 만큼 브랜딩 책임자 혼자 정할 수 있는 것이 아닙니다. 회사 대표와 함께 논의하고 고민해야 하죠. 저도 과거 몸담았던 회사의 대표님과 우리 브랜드만의 미션을 만들기 위해 며칠 밤낮을 고민했던 기억이 떠오르네요. 심지어 저녁 술자리에서도 논의를 이어갔죠. 그때 정한 미션은 지금도 그 브랜드의 나침반 역할을 하며 잘 쓰이고 있습니다.

브랜드
철학

"브랜드의 철학이 튼튼하지 못하면 지속 가능한 브랜드가 되기 힘들다."

어느 날 집에서 운동하던 아내가 툭 던진 한마디에 크게 공감했습니다. 브랜드 철학은 브랜드가 지향하는 명확한 생각이고, 철학이 확고해야 시간이 지나도 한결같은 방향으로 브랜드를 전개할 수 있으니까요. 투자자의 이윤과 매출만 바라보는 기업은 사람들에게 제대로 된 브랜드로 인정받거나 지지를 얻기 힘든 것 같습니다.

우리 브랜드가
원하는 모습

우리 브랜드가 원하는 모습은 무엇인가요? 소비자에게 보여주고 싶은 모습은요? 그 모습이 정의되어 있나요? 그 모습은 경쟁자들과 다른가요, 아니면 비슷한가요? 비슷한 모습이라면, 우리만의 모습을 더할 수 있나요?

브랜딩을 기획하는 단계에서 아이디어만 계속 던지는 분들이 있습니다. 이런 건 어때, 저런 건 어때, 이것도 해보자, 저것도 해보자면서요. 물론 자유롭게 의견을 내는 건 대환영입니다. 하지만 그전에 그 아이디어가 우리가 원하는 모습과 부합하는지를 먼저 생각해보세요. 아무리 좋은 아이디어도 우리 브랜드의 지향점과 맞지 않는다면 아까워도 버려야 합니다. 버리기 아깝다면 그 아이디어에 우리 브랜드가 원하는 모습을 어떻게든 담아보려 해보세요. 아마 쉽지는 않을 겁니다. 그렇다면 별수 있나요? 처음부터 다시 생각해야죠.

무엇이 되었건
남들과 달라야 합니다

제가 브랜딩을 기획하고 전개할 때 가장 중요하게 여기는 요소입니다. 일단 제 성향이 그래요. 어떻게든 남들이 하는 방식으로는 하고 싶지 않은. 물론 제 성향이 아니더라도 차별성은 브랜딩에서 빼놓을 수 없이 중요합니다. 이유는 두 가지입니다. 남들과 우리 이미지의 간극을 더 벌리기 위해, 그리고 남들이 우리를 한 번이라도 더 볼 기회를 만들기 위해서죠.

강점을
뾰족하게

첫 번째 이유에 대해 생각해볼까요. 브랜드마다 나름의 강점과 약점이 분명히 있을 겁니다. 그리고 대부분의 브랜드는 강점을 더 강하게 만들기보다는 약점을 보완하는 데 집중하는 경향이 있죠. 하지만 모든 브랜드가 약점을 보완하는 데에만 힘쓰면 어떻게 될까요? 결과적으로 대부분의 브랜드가 서로 비슷해지겠죠. 이래서는 브랜딩에 전혀 도움이 되지 않는다고 생각합니다. 나만의 개성을 확실하게 만들 수 없으니까요. 브랜딩을 할 때는 부족한 점을 보완하기보다 자신만의 강점을 더욱 뾰족하게 세워야 합니다. 그래야 다른 사람과 우리 이미지의 간극을 벌릴 수 있어요.

사람에 비유해볼까요. 누구나 남들보다 잘하는 것이 하나씩은 있습니다. 특출나지는 않더라도 남들보다 조금이라도 뛰어난 재능이 있을 거예요. 이런 재능은 놔둔 채 자신이 못하는 것을 잘하려 한다면? 어떤 면에서든 남들보다 뛰어난 사람으로 기억될 수 없을 겁니다. 약점 보완도 물론 중요하지만 그것을 나만의 개성이라 할 수는 없겠죠. 약점보다 자신의 강점을 더 날카롭게 만들어야 무언가를 잘하는 사람으로 기억될 수 있습니다. 심지어 다른 약점이 훨씬 많더라도요.

노란 코트

언제부터인가 겨울이면 거리가 온통 흑백이 됩니다. 사람들이 모두 검은색 계열의 패딩과 코트를 입고 다닙니다. 출퇴근길의 지하철이나 거리를 보고 있으면 다들 장례식장에 조문 가는가 싶을 때도 있어요. 개인의 취향이겠지만, 언제부턴가 저는 그 광경이 그렇게 싫었습니다. 거대한 검은색 무리 중 한 명으로 보이고 싶지 않았어요. 그래서 재작년에 노란색 코트를 하나 구매했습니다. 그 후일어난 현상이 아주 흥미로운데요, 그 코트를 입고 나서면 지인들이 모두 한마디씩 옷 이야기를 하더라고요. 이것은 무엇을 의미할까요? 노란색 코트를 통해 사람들이 저에게 한 번 더 관심을 가졌다는 뜻입니다.

차별화가 이래서 중요합니다. 남들과 같아서는 새로운 반응을 기대할 수 없어요. 남들과 달라야 반응도 다르고, 나를 한 번 더 인지시킬 수 있는 계기도 생깁니다. 브랜딩을 위해 무언가를 계획하고 있다면, 그것이 무엇이든 남들과 달라야 함을 잊지 않았으면 좋겠습니다.

다르면 한 번이라도
더 보게 됩니다

이렇듯 차별성이 중요한 두 번째 이유는 남들이 우리를 한 번이라도 더 볼 기회로 이어지기 때문입니다. 브랜드가 존재감을 알리려면 어떤 활동을 해야 할까요? 물론 브랜드마다 다르겠지만, 남들과 비슷한 방식으로는 결코 주목받지 못한다는 사실만은 다르지 않습니다.

브랜딩에서 차별성은 정말 중요합니다. 무엇을 하든 사람들이 우리를 봐야 우리 목소리, 우리가 말하고 싶은 것, 우리 브랜드의 개성을 알 수 있겠죠. 이 점은 큰 브랜드보다 작은 브랜드에 더욱 중요하다고 생각하는데요. 큰 브랜드는 설령 자기만의 개성이 없어도 인지도라는 든든한 밑천이 있지만, 대부분의 작은 브랜드는 그렇지 못하니까요. 그래서 자신의 존재감을 드러내려면 더욱더 남들과 다른 선택을 해야 합니다.

제가 초기에 29CM 브랜딩을 기획하고 실행할 때 차별화를 최우선으로 생각한 것도 이 때문입니다. 무엇을 하든 남들과는 다르게 하려 했어요. 이벤트든 프로모션이든 디자인이든, 브랜드가 발신하는 메시지나 소셜미디어 운영까지, 일반적인 방식은 결코 차용하지 않았습니다. 그 결과 사람들이 29CM라는 브랜드에 조금씩 관심을 보이기 시작했고, 그런 활동이 반복되고 쌓여가면서 브랜드 인지도를 넘어 29CM를 개성 있는 브랜드로 느끼고 좋아하는 팬들을 조금씩 늘려갈 수 있었습니다. (당시 29CM에서 진행한 다양한 브랜딩 활동은 《그래서 브랜딩이 필요합니다》에 자세히 나와 있습니다.)

다른 방향으로 가는
용기

요즘 아이돌들은 대부분 데뷔 때부터 그들만의 세계관을 설정합니다. 세계관 하나하나가 마치 마블 시네마틱 유니버스처럼 복잡하기도, 다양하기도 합니다. 호기심을 자극하고 팬심을 강화하는 영리한 전략이죠. 하지만 어느덧 이 역시 유행이 되어버렸습니다.

혹시 그거 아세요? 블랙핑크나 뉴진스는 이런 세계관이 없다는 걸요. 이들이 트렌드에 뒤처진 것일까요? 그러기엔 너무 인기가 많잖아요. 그들은 이런 트렌드를 선택하지 않은 것뿐입니다. 그게 오히려 이들을 달라 보이게 하는지도 모르겠네요. 마치 성공 방정식이라도 있는 것처럼 모두 같은 방향으로 갈 때, 의도적으로 다른 방향으로 가는 용기도 필요합니다.

방식의
자유

저는 롱블랙이라는 콘텐츠를 구독하고 있는데요. 언젠가 웬디스의 성공비결(미국에서 버거킹을 제치고 2위에 올랐다고 하더라고요. 물론 1위는 맥도날드입니다)을 다룬 기사를 읽었습니다. 웬디스의 마케팅 책임자 칼 로레도가 이런 말을 하더군요.

"우리는 도전자입니다. 경쟁사들은 돈이 많아요. 그래서 우리는 다르게 생각하고 다르게 행동해야 합니다. 더 강력한 메시지를 전달해야 하고요. 소비자들도 이런 웬디스를 잘 알고 있기에, 다른 브랜드보다 우리에게 더 많은 자유를 줘여줍니다. 덕분에 우리는 누군가에겐 큰 위험처럼 보일 도전도 기꺼이 감수할 수 있어요."

그렇습니다. 경쟁할 상대가 강할수록 우리는 그들과 다른 길을 가야 합니다. 그래야 우리를 차별화할 수 있어요. 그러기 위해서는 스스로에게 방식의 자유를 부여해야 합니다. 그래야 과감한 도전을 할 수 있겠죠. 츠타야로 잘 알려진 일본 CCC그룹의 마스다 무네아키 대표도 "기획에서 가장 중요한 것은 자유"라고 롱블랙 인터뷰에서 이야기하더라고요. 기억에 오래 남는 문장이라 공유하고 싶었습니다. 참, 여러분도 롱블랙을 읽어보세요. 브랜딩을 주제로 한, 마음에 새길 깊고 다양한 문장들을 만날 수 있습니다.

대표님과의
대화

가끔 29CM의 수장이었던 이창우 대표님과 소주 한잔하면서 브랜드에 대한 생각을 나누곤 하는데요. 그중 기억에 남는 대화를 여기에 남겨봅니다.

　이 대표님 : 브랜드의 팬을 만드는 과정을 생각해보면, 우선 나만의 개성부터 갖춰야 하는 것 같습니다. 그래서 29CM도 다른 서비스를 만드는 데 집중했고요. 그것을 사람들에게 보여주는 단계에서는 우성 님이 기획한 브랜딩 활동들이 우리를 바라보게 하는 계기가 되었던 것 아닐까요. 결국 남들보다 뛰어난 게 아니라 남들과 다른 게 중요해요. 저는 달라야 성공한다는 얘기를 항상

해요. 다르다고 반드시 성공하는 건 아니지만, 다르지 못하면 성공할 수 없다는 생각은 저에게 확실히 있어요. 하지만 대부분 다르게 하는 것에 대한 두려움을 갖고 있죠. 경영진의 두려움이건 투자사의 반대건 남들과 다른 플레이를 하는 게 쉽지만은 않아요.

나 : 저 역시 다르게 할 수 있었던 건 다름의 중요성을 대표님이 아시고 그에 대한 의지가 있었기 때문이라고 생각합니다. 대표님은 제가 기획하고 진행한 브랜딩 활동에 전혀 간섭하지 않았고, 그게 너무 좋았거든요. 그래서 더욱더 남들과 다르게 하는 데 집중했습니다. 물론 만족스럽지 않은 결과가 나온 적도 있지만, 그럼에도 그렇게 하지 않았다면 29CM의 많은 성공사례도 없었겠죠.

그렇습니다. 다르다고 반드시 성공하는 것은 아니지만, 남들과 다르지 못하면 성공할 수 없습니다.

장기하를
좋아하는이유

고백하자면 저는 장기하의 팬입니다. 최근에 발매된 앨범의 타이틀곡을 듣고 더 좋아하게 되었고요. 이유는 간단합니다. 그의 첫 번째 앨범부터 지금까지 나온 모든 곡들이 참 장기하스럽기 때문입니다. 첫 앨범이 나온 지 벌써 15년이나 지났는데 말이죠. 모든 곡에 장기하만의 살짝 뒤틀린 세기말(?)의 감성과 메시지가 잘 녹아들어 있어요. (저만 그렇게 느끼는 것인지도 모르지만요. ☺)

장기하와 얼굴들의 첫 앨범 '싸구려 커피'를 듣고 피식 웃을 수밖에 없었어요. 확실히 이 가수는 여타 가수들과는 다른 노선을 가고 있다고 느꼈습니다. 자연스레 이 가수가 하는 활동에 관심을 갖게 되었죠. 그가 스크린에 나오면 더 집중해서 보고 들었습니다.

노래 가사부터 외모, 퍼포먼스까지요. 지금도 장기하는 처음 정한 노선을 잘 가고 있다고 생각합니다. 이제는 팬들 사이에서 장기하가 곧 하나의 장르라는 이야기까지 나오더라고요. 그럴 정도로 장기하는 그다운 모습을 꾸준히 보여주고 있습니다. 그를 아는 사람은 물론 그에게 열광하는 팬들이 많아진 건 당연하고요.

제가 장기하 이야기를 하는 이유가 여기 있습니다. 브랜딩은 차별성만큼이나 일관성이 중요해요. 브랜드가 무엇을 내놓든 자신만의 일관된 무언가가 있어야 그에 대한 사람들의 생각과 인상도 또렷해집니다. 그럼으로써 그 브랜드다운 모습이 사람들의 머릿속에 자리잡고요. 배민이 USB 굿즈에 군이 '이런 십육기가' 같은 이름을 붙이고, 잡지테러에 그치지 않고 배민신춘문예와 치믈리에 자격시험이라는 이벤트를 열고, 그 결과물을 《치슐랭 가이드》라는 책으로 펴내는 걸 떠올려보세요. 왜 이런 방식의 브랜딩을 할까요? 그것을 통해 대단한 매출이 나오는 것도 아닐 텐데 말이죠.

배민을 떠올리면 어떤 브랜드 이미지가 연상되나요? 키치하고 재미있는 느낌이죠. 그리고 우리는 B급 감성이 묻어나는 브랜딩을 보며 한 번 더 배민이라는 브랜드를 떠올리게 됩니다. 차별성만큼 일관성이 중요한 이유입니다. 크든 작든 무엇을 하든, 그 안에 그 브랜드만의 모습이 일관되게 담겨야 해요.

장기하에 대해 좀 더 이야기해볼게요. 예전에 〈조선비즈〉에 실린 장기하의 인터뷰를 읽다가 메모해둔 구절이 있습니다. "두각을 나타낼 수 없는 건 다 포기해요. 세상에 잘하는 사람은 너무 많고, 잘하지 못하면 고통받으니 신속하게 단념하는 거죠. 돈에 욕심을 안 부리는 건 재력에 두각을 나타낼 자신이 없어서예요. 저는 가창력에도 두각을 나타낼 수 없어요. 그렇게 하나둘 포기하다 보면 알게 돼요. 최고가 없으면서 내가 1등 할 수 있는 분야는 개성이라는 걸."

퍼스널 브랜딩이든 기업 브랜딩이든 내가 두각을 나타낼 수 없는 것에 집착하면 안 됩니다. 약점만 보완하는 브랜드는 결국 남과 비슷해져요. 내가 가장 잘하는 것, 가장 잘할 수 있는 것에 집중해야 합니다. 이는 앞서 말한 기능적 핵심경험과도 연결됩니다. 기능적 핵심경험이 부족하다면 장기하의 말처럼 나만의 개성이라도 철저히 만들어야겠죠. 그것이 곧 여러분의 감성적 핵심경험이 될 겁니다.

오래 보아야
사랑스럽다

어디선가 들어본 타이틀이죠? 나태주 시인의 유명한 시 구절입니다. (풀꽃 1 © 나태주, 풀꽃, 도서출판 지혜) 브랜딩의 지속성이 중요한 이유가 이 문장에 담겨 있다고 생각합니다. 사람의 인상은 한 번의 사건으로 만들어지지 않습니다. 물론 한 번의 사건이 누군가에게 관심을 보이는 계기가 될 수는 있지만, 그 사람이 정말 그러한 사람인지를 알려면 그가 보여주는 것들이 늘 한결같아야 하죠. 그 믿음이 쌓이기까지는 오랜 시간이 필요합니다. 말씀드린 것처럼 브랜딩은 브랜드를 인지하는 것을 넘어 우리를 좋아해주는 팬을 만드는 작업입니다. 누군가 나를 좋아하게 하려면 꾸준히 오래도록 그들에게 나를 어필해야 합니다. 물론 그 활동에는 내가 보여주고자 하는, 나만의 장르처럼 느껴지는 일관성이 있어야 할 테고요. 즉 일관성과 지속성은 분리하기보다는 함께 생각하는 것이 좋습니다. 오래 보아야 사랑스럽습니다. 여러분의 브랜드도 그렇습니다.

서프라이즈,
예측 불가능한 감동

오늘이 제 생일이라고 가정해보죠. 오늘 저녁에는 어떤 일이 일어날까요? 어느 정도 예상 가능합니다. 지인이나 가족, 친구들과 식사를 하고 선물을 주고받으며 축하하는 시간을 보낼 겁니다. 감동적이지만, 예측 가능한 감동이죠.

반면 서프라이즈 파티는 어떨까요? 영화나 드라마에 가끔 나오듯이 어느 날 갑자기 지인들이 "서프라이즈!" 하며 케이크와 선물을 내밉니다. 저는 "이걸 왜 줘?" 하며 놀라겠죠. 이유를 알든 모르든 그 순간의 감동은 예측 불가능한 것입니다. 그리고 그 감동은 예측 가능한 상황보다 마음에 더욱 진하게 기억될 겁니다. 그들에 대한 저의 애정도 이전보다 더 커질 테고요.

이렇듯 예측 불가능한 상태에서의 이벤트, 즉 의외성은 사람들에게 무언가를 남깁니다. 의외성을 선사한 대상을 다시 보게 하는 계기를 만들기도 하고요. 이 의외성을 브랜딩의 요소로 잘 활용한다면, 브랜드를 알고 있는 고객을 팬으로 만들 수도 있지 않을까요? 그들이 이미 팬이라면 그 마음을 더 깊게 만드는 촉매제 역할을 할 테고요. 브랜딩은 결국 사람의 마음을 움직이는 일이니까요.

여러분도 잘 아는 곰표의 굿즈 콜라보레이션이 좋은 예입니다. 밀가루를 만드는 회사에서 느닷없이 맥주를 출시하더니 막걸리를 포함한 다양한 굿즈를 내놓습니다. 우리가 전혀 예상치 못한 것들이죠. '밀가루 회사에서 갑자기 이런 걸?' 덕분에 우리는 그 브랜드를 다시 보게 되었습니다. 시장의 반응이 너무 뜨거워 너도나도 유사한 형태의 (심지어 얼토당토않은) 콜라보 굿즈를 만드는 대유행이 생겨난 건 다들 아는 사실이죠.

곰표 브랜드를 보유한 대한제분은 전통 있는 밀가루 제조 유통 회사입니다. 이들은 밀맥주를 필두로 밀누룩 효모가 들어간 막걸리, 밀가루 성분이 들어간 세제, 그리고 밀가루처럼 새하얀 패딩을 선보이는 등 '밀'이라는 아이덴티티를 기반으로 활발한 콜라보 활동을 전개하며 젊은 세대에게 어필했습니다. 단순히 재미만을 노린 콜라보가 아니라는 것이죠. 그래서 다른 콜라보레이션 제품들보다 곰표가 더 인기 있는지도 모르겠습니다.

이렇듯 의외성을 잘 활용한다면 브랜딩에서 긍정적인 효과를 만들 수 있습니다. 하지만 잊지 마세요. 의외성 역시 브랜드의 일관성이 뒷받침될 때 활용 가능하다는 것을요. 일관된 그들만의 모습이 있어야 의외성도 빛이 납니다.

의외의 모습은
어디에서?

제 이전 책에서 언급한 여러 사례, 그중에서도 29CM의 감성 앱 푸시 서비스 루시Lucy가 브랜드의 의외성을 잘 살린 예시입니다. 루시가 처음으로 앱 푸시 메시지를 보냈을 때가 지금도 기억납니다. 제 페이스북 피드에서도 루시에 대한 수많은 글이 올라왔죠. 깜짝 놀랐다며 29CM를 칭찬하는 내용 일색이라 브랜드 인지도와 팬심이 이렇게 올라가고 있다는 걸 눈으로 보며 실감했던 기억이 납니다.

29CM는 생뚱맞게 독립영화도 제작했어요. 29CM에 입점한 브랜드 하나를 선정해 다양한 장르의 스토리와 엮어 영화로 만드는 '2937 필름 프로젝트'로, 많은 감독들이 지원했죠. 그 결과 탄

생한 〈구례 베이커리〉는 무려 독립영화제에서 상도 받았습니다. 그 밖에 앱 다운로드를 위해 갑자기 29CM 스타일로 온통 커스터마이징한 미니쿠퍼 한 대를 경품으로 주거나, 1000만 원 마일리지를 주면 일주일 안에 몽땅 쓸 수 있는 사람을 찾는 구인공고 스타일의 이벤트를 기획하기도 했습니다. 이렇듯 앱 푸시 메시지 하나, 경품 이벤트 하나로도 의외성을 선사할 수 있습니다. 의외의 모습은 다양한 접점에서 전달될 수 있으니까요.

배송박스에 대한
생각

쇼핑을 좋아해서 다양한 옷을 온라인으로 주문하곤 합니다. 그러고는 설레는 마음으로 택배를 기다리죠.

재미있는 사실은, 이 지점에서 브랜드에 대한 인상이 엇갈릴 때가 있다는 것입니다. 대개는 흔히 볼 수 있는 기성품 배송박스가 오죠. 그런데 어떤 브랜드들은 자체 박스에 담아 보냅니다. 포장 테이프도 브랜드 네임을 넣어 따로 제작하고요. 저는 이런 브랜드를 보면 저절로 호감도가 올라갑니다. 고객의 마지막 터치 포인트가 될 수 있는 배송박스까지 신경쓴다는 뜻이니까요. 심지어 박스 안 충전재나 보냉재까지 남다른 브랜드도 있습니다. (기성박스 안에 제품만 덜렁 담긴 경우가 무척 많다는 점을 고려했을 때) 고객이 박스를 여는 순간 느낄 감정의 디테일까지 고려하겠다는 의지죠.

저도 해봐서 알지만, 자체 배송박스를 만드는 것은 꽤 번거로울 뿐더러 비용도 많이 듭니다. 경우에 따라 기성박스의 두 배 이상 들기도 하죠. 디자인 비용까지 고려하면 쉬운 결정이 아닙니다. 그래서 대부분은 비용을 아끼려고 기성박스를 사용합니다. 하지만 돈이 더 들더라도 우리 브랜드를 마지막까지 한 번 더 인지시키고 좋은 인상을 심어줄 수 있다면, 저는 돈을 더 쓰는 것이 맞다고 생각합니다. 고객의 마음을 돈으로 살 수는 없지만, 이런 투자로 고객의 마음을 조금이라도 움직일 여지를 만들 수 있으니까요. 그들의 마음에 좋은 감정을 남기는 거죠. 그래서 제가 속한 브랜드도 자체 배송박스를 만드는 데 많은 금액을 투자했습니다. 브랜드 컬러도 물론 반영했고요. 제작비가 비싸다는 반대의견도 몇몇 있었지만 제 경험으로 보았을 때 잘한 선택이라 생각합니다. 저와 같은 고객이 분명히 있을 테니까요.

브랜드에 대한 고객의 인상은 언제 어디서 만들어질지 누구도 모릅니다. 그것을 만들 수 있는 접점을 최대한 많이 늘려야죠. 여러분의 브랜드는 이런 부분까지 신경쓰고 있는지 한번 생각해보면 좋겠습니다. 참, 영국의 남성 전용 쇼핑몰 미스터포터Mr.Porter는 고객이 선물용으로 구매하는 상황까지 고려해 고급스러운 메시지 카드를 동봉하더라고요.

이본 쉬나드와
파타고니아

여러분, 파타고니아를 즐겨 입으시나요? 과거 〈뉴욕타임스〉에 '이 재킷을 사지 마세요(Don't buy this jacket)'라는 카피와 함께 플리스 재킷을 광고한 브랜드 말입니다. 너무 유명한 광고죠. 재킷을 자꾸 사는 것도 환경에 좋지 않으니 한번 산 재킷을 오래 입으라는 메시지였습니다. 파타고니아는 이 한 장의 광고로 환경을 얼마나 중요하게 여기는지를 잘 보여주었습니다. 그 밖에도 파타고니아는 매년 수익의 일부를 지구환경을 보호하는 데 씁니다. 그들의 이런 정신은 창업주 이본 쉬나드가 쓴《파타고니아, 파도가 칠 때는 서핑을》이라는 책에도 잘 드러납니다. 이 책의 한국어판 부제를 아시나요? '지구가 목적, 사업은 수단'입니다. 파타고니아의 경영철학이죠. 그들이 얼마나 지구를 지키는 데 진심인지 느껴지지 않나요?

오늘날 '친환경'은 많은 기업이 자신의 이미지에 어떻게든 녹이려 하는 단어입니다. 지구 자원을 사용해 제품을 생산하는 주체로서 환경파괴에 책임을 느껴서일 수도 있지만, 친환경이 기업 이미지를 건강하게 바꾸어주고 의식 있는 브랜드로 보이게 한다는 이유도 있는 것 같습니다. 최근 ESG(Environmental, Social, Governance)라는 단어가 유행하는 것도 어느 정도는 이 연장선상에 있을 겁니다.

이런 의도로 친환경을 외치는 기업과 파타고니아가 명확히 다르다는 사실은 이본 쉬나드와 가족이 지분 100%를 환경단체에 기부한 데서 단적으로 드러납니다. 이 발표 후 많은 사람들이 그들의 진정성에 감동, 아니 감격했습니다. 그럴 수밖에요. 아무리 그래도 기업을 경영하는 목적은 이윤 추구인데 말이죠. 이런 결정을 내릴 수 있는 브랜드는 그전까지 없었다고 해도 무방할 겁니다. 파타고니아에 별로 관심이 없던 저도 이 기사를 읽고 처음으로 파타고니아를 사고 싶다는 생각이 들었습니다. (그리고 결국 샀습니다.) 이것이 저만의 생각일까요? 아닐 겁니다. 주변에서도 파타고니아를 입은 저를 보며 환경을 사랑하는 사람, 적어도 환경에 대한 의식은 있는 사람이라 생각할 겁니다. 파타고니아의 브랜드 철학을 지지하는 사람 말이죠.

창업주의 언행일치는 파타고니아를 지지하는 사람들에게 팬심이 한층 커지는 기폭제 역할을 했을 겁니다. 저처럼 팬이 아니었던 사람들이 팬이 되는 데에도 크게 일조했음은 물론이고요. 이로써 파타고니아는 그들의 브랜드 정신을 더욱 공고히 했고, 친환경의 대표적인 브랜드가 되었습니다.

브랜딩의 목적이 얼추 아는 100명이 아닌 한 명의 열광하는 팬을 만드는 거라면(이는 제가 생각하는 변치 않는 브랜딩의 목적이기도 합니다), 파타고니아야말로 제대로 된 브랜딩의 사례가 되겠죠.

파타고니아 사례를 언급하지 않더라도 진정성은 브랜딩의 중요한 요인 중 하나임이 분명합니다. 여러분의 브랜드는 어떤 가치를 추구하나요? 아니, 추구하는 가치가 있나요? 그 가치를 위해 얼마만큼의 진정성을 갖고 브랜딩 활동을 하고 있나요? 한 번쯤 생각해볼 질문입니다.

진정성의 또 다른 이름,
진심

파타고니아의 진정성을 보고 이런 질문이 떠올랐을지도 모르겠습니다.

지금이라도 우리 기업, 우리 브랜드도 파타고니아처럼 환경을 사랑해야 하나요?

우리만의 무엇으로 지구를 지켜야 하나요? 환경단체와 제휴활동이라도 해야 하나요?

물론 그러면 좋겠지만 오해하지 않았으면 합니다. 진정성은 이런 데에만 적용되는 단어가 아닙니다. 어떤 가치든 괜찮습니다. 여러분의 브랜드가 진심이라는 걸 잘 보여주세요. 브랜딩 활동을 통해서요.

앞서 언급한 젠틀몬스터는 제 기준에 브랜딩을 가장 잘하는 브랜드 중 하나입니다. 국내에서 어디가 브랜딩을 가장 잘하냐는 질문을 받으면 반사적으로 튀어나오는 브랜드이기도 하죠. 여러 이유가 있겠지만, 당장 플래그십 스토어만 가봐도 그들의 예술혼과 실험정신에 감탄하게 됩니다. 이런 젠틀몬스터다움은 가끔씩 내놓는 실험적인 제품에도, 캠페인 화보에도, 나아가 서브 브랜드인 템버린즈와 누데이크에서도 그대로 뿜어져 나옵니다. 누데이크 하우스 도산점에 한번 가보세요. 디저트숍인데도 젠틀몬스터스러운 감각과 느낌이 고스란히 전해집니다. 디저트는 또 어떻고요. 젠틀몬스터다운 모습을 여기에도 담아내다니 그저 감탄할 뿐이죠. 이 역시 브랜드의 진정성과 연결되지 않을까요? 물론 진정성뿐 아니라 차별성과 의외성, 일관성과 지속성의 요건까지 모두 담고 있습니다. 정말 탄탄하고 잘 기획된 브랜딩이죠. 한국을 넘어 세계적으로 수많은 이들이 열광하는 이유일 겁니다.

젠틀몬스터의 예시도 너무 먼 이야기처럼 들리나요? 그럼 이건 어떤가요? 여러분도 이제는 잘 아는 온라인 편집숍 29CM의 브랜드 미션은 'Guide to better choice'입니다. 말 그대로 사람들이 잘

몰랐던 좋은 브랜드들을 선별해 잘 소개하는 것이죠. 그러려면 스토리텔링 역량이 매우 중요합니다. 그래야 입점한 브랜드의 가치와 그들의 이야기를 온전히 전할 수 있으니까요. 이를 위해 제품 할인율만 강조하는 기존 형식에서 탈피해 스토리를 잘 전달하는 방식으로 파격적으로 서비스를 운영했고, 그 스타일은 지금의 29CM에도 일부 남아 있습니다. 이제는 많이들 사용하는 온라인 편집숍의 포맷이 되었지만 당시에는 그런 모습만으로도 남들과 확실히 차별화되었죠. 아울러 한 브랜드의 스토리를 시각적으로도 잘 전달하기 위해 PT라는 서비스도 기획했습니다. 이 PT는 29CM의 대표적인 오리지널 콘텐츠로 널리 알려져 2022년 어느새 100회를 맞았다고 합니다. 매거진 〈B〉의 온라인 버전 같다는 이야기도 듣고, 당시 이것만 기다리는 사람도 있을 정도였죠.

29CM는 정교한 스토리텔링을 늘 일정 수준 이상으로 유지하기 위해 자체 텔링가이드도 만들었습니다. 그만큼 스토리텔링에 진심이었던 거죠. 이 진정성은 서비스에서부터 브랜딩 활동까지 다양한 부분에 큰 영향을 미쳤습니다. 지금까지도요.

어떤 문장으로
담을까

"이것이 좋다가 아니라 '이것으로' 충분하다."

반드시 필요한 기능에 충실하고 군더더기는 모두 없애는 디자인을 추구하는 무인양품(무지)의 브랜드 철학입니다. 정말 무지다운 말 아닌가요? 이 문장 안에 그들의 모든 것이 다 들어 있다고 생각합니다. 이것을 보니 그들의 제품과 화보뿐 아니라 매장에 왜 그런 음악을 틀어두는지까지 단번에 이해되었습니다. 그만큼 좋은 문장이어서 누구와도 나누고 싶더군요.

다시 생각하게 됩니다. 내가 몸담고 있는 브랜드의 철학은 어떤 문장으로 정의할 수 있을까, 그 문장은 우리 브랜드가 지향하는 점을 정확히 담을 수 있을까 하고 말이죠.

브랜드답다는 것

브랜드다운 모습은 그 브랜드에 어떤 강점이 있는지, 그것을 얼마나 다르게 어필하는지, 그리고 얼마나 일관되게 지속하는지 등을 바탕으로 서서히 다져진다는 것을 잊지 않았으면 합니다. 이러한 과정을 거쳐 그 브랜드다운 모습이 일종의 형용사로 사람들의 머릿속에 서서히 자리잡기 시작합니다. 미니멀하고 깨끗하다는 형용사를 '무지스럽다'고 하고, 혁신적이고 창의적인 느낌을 '애플답다'고 표현하는 것처럼 말이죠. 어느새 '29CM답다'고 하면 감성적이고 감각적인 느낌을 떠올리게 된 것처럼요.

　브랜드만이 아니라 개인도 그렇게 할 수 있습니다. 사람들은 좋아하는 브랜드로 자신을 표현하기도 하잖아요. 그 브랜드다운 모

습을 내가 소유한다면, 그것이 곧 나를 표현하는 형용사가 될 수
도 있습니다.

바디 앤
소울

육신과 영혼을 영어로 한번 써보았습니다. 육신은 외형이 있고 보거나 듣거나 만질 수 있죠. 비즈니스에서는 제품이나 서비스에 해당합니다. 그렇다면 브랜딩은? 바로 제품에 영혼을 불어넣는 일입니다. 소울을 담는 것이죠. 고객이 제품을 사용하면서 그 안의 소울을 느낄 수 있어야 합니다. 단순히 제품을 사용하면서 느끼는 소울이 아니라, 그 제품을 소유했을 때 내가 가질 수 있는 소울이죠. 이것이 바로 브랜드다움입니다. 브랜딩은 어떻게든 이걸 만들어야만 해요. 너무 어렵죠? 맞습니다. 꽤나 어려운 작업입니다.

It's what you do
in the dark,
that puts you
in the light

저는 가끔 지치고 힘이 빠질 때 혹은 용기와 결단이 필요할 때, 해외 스포츠 브랜드의 브랜드 필름(저는 TV 광고용으로 사용하기에는 긴, 보통 30초 이상인 영상은 브랜드 필름으로 분류합니다)을 보곤 합니다. 브랜드 필름의 메시지에서 종종 위안을 얻거든요.

주로 보는 영상이 몇 개 정해져 있는데, 그중 하나가 수영선수 마이클 펠프스가 출연하는 언더아머의 브랜드 필름입니다. 이 영상에서 카메라는 펠프스가 경기에서 우승해 환호하는 장면이 아니라, 혼자 땀 흘리고 고통을 참아내며 열심히 훈련하는 모습을 집중적으로 비춥니다. 그러다 이런 메시지가 나와요. "It's what you do in the dark, that puts you in the light." 당신이 어둠 속에서 노력하는 것들이 당신을 결국 밝은 곳으로 이끌어준다, 즉 고뇌의 시간을 거친 노력이 당신을 환희로 이끌 거라는 말입니다. 정말 멋지지 않나요? 이렇게 저는 또 힘을 내서 열심히 고민하고 일합니다. 언더아머 매장을 지날 때면 이 문구가 생각나 가끔 기웃거리기도 하고요. 비록 저는 나이키를 좋아하지만요.

스포츠 브랜드가 단지 제품의 성능이 아닌 그 너머의 메시지를 전하는 데는 이유가 있는 것 같습니다. 인생 또한 한 편의 스포츠니까요. 이는 언더아머를 단순한 스포츠용품 회사가 아닌 하나의 거대한 브랜드로 만드는 멋진 브랜드 메시지이자, 제품 이상의 가치를 불어넣는 훌륭한 브랜딩입니다. 물론 저는 이러한 브랜딩 또한 나이키가 가장 잘한다고 생각합니다.

02

마음을 움직이는 일

브랜딩과 연애의
공통점

저는 브랜딩이 연애와 비슷하다고 생각합니다. 결국 상대방이 나를 좋아하게 만들어야 하니까요. 상대방을 고객으로 바꾸어 생각해봅시다. 상대방의 마음에 들려면 무엇이 필요할까요? 외모? 물론 중요하죠. 하지만 더 중요한 것은 내가 어떤 모습으로 보이고 상대방의 마음속에 어떤 이미지를 만드는가입니다. 이미지가 비단 외모에서만 나오는 것은 아니죠. 상대방을 대하는 나의 태도, 나만의 스타일, 나의 행동 그리고 나의 가치관과 생각도 나에게 호감을 느끼고 나를 좋아하게 만드는 요소가 됩니다.

이를 브랜드에 대입해 생각해보죠. 외모만 바꾼다고 고객이 우리를 좋아할까요? 물론 브랜드를 다시 볼 기회를 제공할 수는 있을 겁니다. 하지만 그만큼, 아니 그보다 중요한 것은 브랜드의 철학 (생각)과 겉으로 드러나는 행동, 그 브랜드만의 태도와 스타일 등입니다. 브랜드 로고와 심볼, 컬러 등 겉모습을 바꾸는 것이 브랜딩의 전부가 아니라는 것이죠. 이것을 잊지 않았으면 좋겠습니다. 고객의 마음을 움직이는 요소는 다양합니다. 브랜딩은 결국 사람의 마음을 움직이는 모든 것들을 설계하고, 기획하고, 보여주는 것입니다.

니즈에
대하여

많은 기업이 소비자가 정말 필요로 하는 것이 무엇인지, 즉 소비자의 니즈를 찾기 위해 적지 않은 돈을 들여 리서치를 합니다. 하지만 저는 모든 사람의 속마음을 아는 것은 어차피 불가능하다고 생각해요. 저도 제 마음을 모를 때가 있는데 기업이 어떻게 알까요? 설령 알 수 있다 해도 사람마다 원하는 것은 다 다릅니다. 그래서 니즈는 찾는 것보다 만드는 것이 더 나은 방법일 수 있습니다. 사람들이 우리 브랜드를 원하게 하는 것, 이것이 바로 브랜딩 아닐까요?

고객, 그들이
찾아오게
해야 합니다

'그들에게 찾아가는 건 한계가 있습니다. 어떤 방식으로든 그들이 찾아오게끔 해야 합니다.'

언젠가 제 메모장에 이런 글을 적어놓았더군요. 이 생각에 변함이 없기에 공유합니다. 참, 이때의 고객은 소비자, 더 자세히 들어가면 우리 서비스나 제품 구매를 고려하는 미래의 소비자, 즉 타깃층을 말합니다.

고객 중심과
브랜드 중심

고객이 왕이라는 말이 있는데, 마케팅은 언제나 고객을 중심으로 생각해야 할까요? 물론입니다. 우리의 제품과 서비스를 바로 그들이 구매하기 때문입니다.

그렇다면 브랜딩 또한 고객을 중심에 놓아야 할까요? 저는 반드시 그렇다고는 생각하지 않습니다. 브랜딩은 한편으로는 철저히 브랜드 중심으로 생각해야 합니다. 내가 멋지고 당당하고 확고하고 개성 있어야 고객들이 나에게 관심을 가질 테고, 나를 좋아할 수 있겠죠. 고객의 니즈와 편의에만 초점을 맞춘다면 그들이 필요로 하는 존재는 될 수 있을지언정 동경하는 존재가 되기는 어렵습니다.

브랜드
팬덤

브랜딩은 단지 인지도를 높이는 데 그치지 않고 브랜드의 팬덤을 만드는 단계까지 나아가야 합니다. 브랜드를 애매하게 알고 있는 100명보다 열정적으로 좋아해주는 한 명의 팬을 만드는 게 더 중요해요. 그들이 우리 브랜드를 주변에 알리는 자발적 전도사가 되기 때문입니다. 우리 브랜드를 꾸준히 사용하는 건 물론이고요. 우리가 그들을 실망시키지 않는 한 말이죠.

신규 고객과
기존 고객

모든 기업이 신규 고객을 유치하고자 많은 비용을 들입니다. 하지만 신규 고객 유치를 위해 돈을 쓰는 것만큼이나 기존 고객에게 혜택을 주는 것이 중요합니다. 최소한 꾸준한 관심이라도 주어야 해요. 첫 만남만큼 중요한 것이 시간이 지난 현재의 모습이고, 관계의 지속이기 때문입니다. 첫인상만 좋은 사람과는 관계가 오래 이어지지 않더라고요. 우리의 팬이 될 확률은 처음 만난 신규 고객이 아니라 나를 알던 기존 고객이 더 높다는 사실을 잊지 말아야 합니다.

논리와
직관

브랜딩은 논리적으로 접근해야 할까요, 아니면 직관적으로 정해져야 하는 것일까요? 브랜딩을 고민하는 분이라면 한 번쯤 생각해봤을 질문입니다. 하지만 이 질문은 틀렸습니다. 브랜딩은 비즈니스의 논리로 접근해야 하는가, 인간 감성의 논리로 접근해야 하는가가 맞는 질문이겠죠. 저는 후자가 맞다고 생각합니다. 브랜딩은 사람의 마음을 움직이는 작업이니까요. 그래서 브랜딩이 어렵습니다. 궁극적으로는 비즈니스의 목적으로 진행하는 것이겠지만(이를 부정할 수는 없죠) 인간 감성의 논리로 그것을 전달해야 하니까요.

어느 스웨덴 브랜드의 할인코드명

몇 년 전 국내 한 편집숍에서 스웨덴 브랜드의 코트를 구매했습니다. 처음 듣는 이름의 생소한 브랜드였지만 입어보니 옷이 마음에 들더라고요. 그렇게 그 브랜드에 관심을 갖게 되어 그 후 가끔씩 해당 브랜드의 홈페이지에 들어가 보곤 했습니다. 그런데 어느 날 방문해보니 사이트가 열리지 않더라고요. 그때 왜 그랬는지 알 수 없지만 그 브랜드의 공식 페이스북에 메신저로 이 사실을 알렸습니다. 그랬더니 알려줘서 고맙다며 그 브랜드에서 저에게 할인쿠폰 코드를 주더라고요. 그런데 코드명이 'WOOSUNG', 그러니까 제 영어 이름이었습니다. 위트 있고 센스 넘치지 않나요? 사람뿐 아니라 브랜드에서도 이런 감정을 느낄 수 있다는 걸 기억하면 좋겠습니다. 고객에게 보내는 작은 메시지 하나에도 활용할 포인트가 반드시 있다는 거죠. 물론 할인쿠폰은 잘 썼습니다. 그리고 지금도 가끔씩 그 브랜드의 홈페이지를 방문합니다.

백화점에서
소주 한 병
구매한 썰

저는 와인이나 맥주보다 소주를 더 좋아합니다. 가끔 집에서 맛있는 음식과 함께 소주를 즐기죠. 대개는 마트나 편의점에서 소주를 사곤 하는데, 처음으로 집 앞 백화점에서 1300원(정도로 기억합니다) 주고 달랑 소주만 한 병 샀습니다. 그런데 직원분이 몇만 원짜리 와인을 싸는 것처럼 소주 한 병을 그물망으로 정성껏 포장해주더라고요. 그 배려와 세심함에 조금 놀랐습니다. 소주를 편의점이나 마트에서 사는 것과는 전혀 다른 경험이었죠. 이런 작은 디테일이 고객에게 좋은 감정을 만들어냅니다. 브랜딩을 한다면 이런 세심한 것 또한 놓치지 말아야 합니다. 아니, 오히려 이런 부분에서 더 좋은 경험을 줄 수 있습니다. 비용 대비 훌륭한 브랜딩입니다.

감동의
효과

크든 작든 어떤 이유에서든, 특정 브랜드에 감동한 사람은 다른 사람을 그 브랜드로 데리고 옵니다. 그 사람 역시 감동하면 또 다른 사람을 데려오고요. 그러면서 팬이 점점 늘어나게 되죠. 감동은 대단한 것에서만 나오지 않습니다. 아주 사소한 것에서도 발생합니다. 중요한 것은 우리 브랜드를 찾아온 고객에게 어떤 식으로든 감동을 주겠다는 마음가짐입니다.

브랜딩과
정량적 결과

책의 제목처럼 브랜딩이란 사람의 마음을 움직이는 일이고, 우리 브랜드의 팬을 만드는 작업입니다. 무척 정성적일 수밖에 없죠. 하지만 정성적인 것도 어떤 식으로든 정량적인 결과로 드러난다고 생각합니다. 앱 다운로드 횟수든 고객 평점이든 직접적인 추천이든 공기 중에 떠도는 입소문이든, 이 모든 것이 정량적인 형태로 나타납니다. 이는 브랜딩이 사람들의 마음속에 어떤 방식으로든 작동하고 있음을 입증하는 하나의 사인이기도 합니다.

브랜딩은 장기전입니다. 사람의 마음을 얻는 것이 단기간에 가능한 일은 아니니까요. 그 과정에서 방금 말한 정량적인 결과들이 반드시 만들어집니다. 놓치지 말아야 할 포인트는 그것을 '결과'로

생각하지 않고 '과정'으로 바라보는 관점입니다. 브랜딩에는 '끝'이
란 게 없거든요. 계속 다지고 만들어갈 뿐이죠.

1등의 브랜딩

시장점유율이 가장 높은 브랜드를 대개 '1등 브랜드'라 합니다. 그 업계에서 1등이니까요. 그렇다면 1등이 된 브랜드는 브랜딩이 필요 없을까요? 아니죠. 1등을 유지하고 2등과의 격차를 벌리려면 외려 더욱 정교한 브랜딩이 필요합니다. 1등만이 할 수 있는 브랜딩이 분명히 있거든요.

방식은 고민해야겠지만 기본적인 인지도가 높으니 어떤 활동을 하든 사람들에게 인지되고 전달될 확률은 높습니다. 그런 점에서 브랜딩하기 가장 좋은 환경에 놓인 브랜드가 바로 1등 브랜드입니다. 그러니 더욱 과감한 브랜딩으로 경쟁사와의 격차를 더 크게 벌려야 하지 않을까요? 제품이나 서비스의 장점을 어필하는 것 외에 대의적인 메시지를 발산할 명분도 충분하죠. 1등이니까요.

세상에 영원한 1등은 없습니다. 더 유리한 위치에 있을 때 입지를 단단히 해놓아야 합니다. 나이키가 업계 1등임에도 왜 그렇게 브랜딩에 열중하는지 보면 이해가 될 겁니다. 브랜딩이 필요하지 않은 브랜드는 세상에 없습니다. 1등이든 2등이든, 시장을 장악한 거인들 사이에서 존재감을 드러내야 하는 신생 브랜드든 마찬가지입니다.

그리고
2등의 브랜딩

1등의 브랜딩 이야기를 했으니 2등 이야기도 해보겠습니다. 삼성 갤럭시의 해외 광고를 보면 아이폰을 저격하는 소재를 자주 다루더군요. 직관적인 전략이죠. 2등이니 할 수 있는 방식입니다.

하지만 한편으로 이런 생각도 듭니다. '애플을 저격하는 순간 애플보다 못하다고 스스로 인정하는 것 아닐까?' 만일 삼성이 작은 스타트업이었다면 오히려 당당하다는 느낌을 받았을 것 같습니다. 거인을 상대로 어린아이가 도전장을 내민 것처럼요. 정작 저는 아이폰을 쓰지만 속으로는 은근히 지지하고 싶어질 것 같아요. 그 브랜드의 다음 행보도 궁금해질 것 같고요. 하지만 삼성은 애플만큼이나 큰 글로벌기업입니다. 그래서 그 모습이 그리 쿨하거나 멋져 보이지는 않더라고요.

그렇다면 2등의 브랜딩은 어떠해야 할까요? 글쎄요. 저도 모르겠습니다. 하지만 저라면 우리가 2등이라는 것을 인정하기보다는 1등이 갖지 못한 우리만의 핵심경험(기능적 경험이건 감성적 경험이건)이 무엇인지를 먼저 생각해볼 것 같습니다. 물론 지극히 개인적인 의견입니다. 그리고 대한민국 사람으로서, 아울러 첫 직장에 대한 애정을 담아 삼성을 응원하는 마음에는 변함이 없습니다.

브랜딩과 마케팅의
차이

브랜딩과 마케팅의 차이는 무엇일까요? 마케팅은 판매고를 높이기 위한 직접적인 모든 행위를 가리킵니다. 일례로 우리가 SNS에서 자주 보는 제품 광고도 여기에 해당하죠. 우리 제품이 왜 좋은지, 어떤 혜택이 있는지 혹은 타사 대비 얼마나 저렴한지 보여주어 판매를 유도하는 겁니다. 그렇다면 브랜딩은 무엇일까요? 여러 번 말한 것처럼, 우리 브랜드를 좋아하는 팬을 만드는 과정이죠. 하나의 예시를 들어보겠습니다.

누군가 침대를 구매하려 합니다. 그래서 백화점에 갔더니 다양한 침대 매장이 있네요. 그중 어떤 침대를 골라야 할까요? 마침 어떤 브랜드 매장 앞에 오늘 하루만 파격가 세일을 한다는 문구가 눈에 띄었습니다. 우선 관심이 갈 테고 그 매장에 방문해보겠죠. ('세일'이라는 문구가 고객을 자사의 영역으로 들어오게 한 것이죠.) 그곳에서 침대를 둘러보는데 점원이 다가와서 이 침대가 얼마나 좋은 소재로 만들어졌고 과학적인지 설명하기 시작합니다. 처음보다 조금 더 호기심이 생기겠죠. 왠지 지금 아니면 다시는 이 가격에 못 살 것 같다는 생각도 들고요. 하지만 조금 고민스러워서 매장을 나가려는 순간, 직원이 본인 재량을 발휘해 특별히 추가 5% 할인을 제시해옵니다. 그렇게 그 사람은 침대를 구매했습니다. 일반적인 마케팅 방식이라 볼 수 있겠죠. 다소 클래식하지만 형태만 다를 뿐, 흔히 보이는 온라인 광고도 프로세스는 다르지 않습니다.

그렇다면 이 사람이 다음에 침대를 구매할 때도 그 브랜드 제품을 살까요? 모를 일이죠. 제품을 써보니 기대 이상으로 아주 만족스러웠다면 그럴 수 있겠지만, 그게 아니라면 이번처럼 특가 세일을 하는 다른 브랜드를 택할 확률이 더 높습니다.

또 다른 침대 브랜드가 있습니다. 이 브랜드는 도심에 팝업스토어를 열었습니다. 그런데 가보니 정작 침대가 보이지 않아요. 대신 그 브랜드가 지향하는 모습과 관련된 다양한 제품들이 진열되어 있습니다. 개성 있는 공간 연출에 브랜드에 대한 호감이 조금씩 커집니다. 사람들도 줄을 서기 시작했고요. 팝업스토어를 방문한 사람들은 브랜드의 이런 모습을 소셜미디어에 올립니다. 소문은 금세 퍼져 더 많은 사람들이 팝업스토어를 찾아 이 브랜드의 취향과 개성을 느끼고 돌아갔습니다. 이쯤이면 짐작되시죠? 시몬스의 팝업스토어 이야기입니다.

침대가 없는 침대 브랜드 팝업스토어, 그곳은 침대를 파는 데에는 관심이 없었습니다. 그 브랜드다운 모습을, 더 정확히 말하면 그 브랜드가 추구하는 개성과 스타일을 보여주었을 뿐이죠. 방문한 사람들은 그곳에서 판매한 (침대와는 전혀 관련 없어 보이는) 굿즈를 마구 사갔습니다. 아마도 그것을 볼 때마다 시몬스 팝업스토어에서 받은 느낌을 떠올리겠죠. 시몬스에서 또 다른 팝업스토어를 열면 다시 방문할 수도 있을 테고요. (실제로 시몬스는 다른 컨셉의 팝업스토어 두 곳을 순차적으로 열었다고 합니다.) 이곳에서 즐거운 경험을 한 사람이 침대가 필요해 백화점에 갔다고 가정해보죠. 가장 먼저 눈에 들어오는 매장은 어디일까요? 물론 모릅니다. 하지만 시몬스는 그들의 머릿속에 분명히 있을 거예요. 그렇다면 그 기억을 떠올리며 시몬스를 샀을까요? 이 역시 모를 일입니다. 다만 짐작은 할 수 있습니다. 언젠가 신문기사에서 본 내용인데, 전국의 매장을 대폭 줄였음에도 시몬스의 매출과 영업이익이 매년 증가하는 추세라고 하니까요. 여타 브랜딩도 더 공격적으로 진행하고 있고요. (그들의 TV 광고에도 침대가 나오지 않습니다. 아직까지는요.) 브랜딩이 작동하고 있다는 방증 아닐까요.

이것이 제가 생각하는 마케팅과 브랜딩의 차이입니다. 모든 비즈니스가 그렇듯 정답은 없습니다. 안목과 투자 그리고 밸런스와 시너지가 중요할 뿐입니다.

그것을
좋아할 이유

얼마 전 만난 분이 질문을 해왔습니다. ××커피의 브랜딩을 어떻게 생각하느냐고요. ××커피는 싼 가격에 대용량의 커피를 공급하는 체인인데, 최근 스타 모델을 기용해 공격적으로 마케팅을 펼치고 있습니다. 질문한 분은 그 커피의 브랜딩이 잘되고 있다고 보셨죠. 하지만 제 생각은 조금 달랐습니다. 저도 간혹 방문하긴 하지만, 일단 커피 맛이 다른 곳과 별반 다르지 않아 대체할 브랜드가 많아 보였습니다. 가성비 관점에서는 훌륭하지만 다른 저가 커피 브랜드와 뚜렷이 구분되는 인상을 받지도 못했고요. 유명 스타를 내세워 마케팅한다 해도 말이죠.

이 커피 브랜드가 유명 모델을 기용한 것은 저가 커피 시장에서 대표성 인지도를 얻기 위해서겠죠. 시장 선점을 위한 포지셔닝 전략이라 할 수 있겠고요. 제가 이 커피의 브랜딩이 잘된다고 여기지 않은 이유는 그들만의 개성이 부족하다고 생각했기 때문입니다. 저가 커피 하면 떠오르는 브랜드는 될 수 있을지 몰라도요.

시장을 선점하기 위해 유명 모델을 기용하는 방식은 브랜딩과는 조금 차이가 있다고 생각합니다. 물론 브랜딩에서도 인식의 점유는 중요합니다. 하지만 그 인식은 상품군 혹은 시장에서의 대표성이 아니라, 그 브랜드 하면 떠오르는 '그만의 무엇'이 되어야 한다고 생각합니다. 그래야 다른 브랜드를 놔두고 그것을 좋아할 이유가 생기겠죠.

앞에서 예로 든 배민은 유명 연예인을 기용해 광고를 할 때에도 그들만의 방식, 그들만의 개성이 있습니다. 그전부터 다양한 방식으로 꾸준히 그것을 쌓아왔고요. 그것이 제가 배민을 좋아하는 이유입니다. 배민은 그렇게 배달 시장을 점유해갔습니다. 결과적으로 그것을 구매할 이유에 앞서 그것을 좋아할 이유를 만드는지가 브랜딩과 마케팅의 또 다른 차이라 할 수 있겠네요.

마켓셰어와
마인드셰어

마켓셰어는 제품 혹은 서비스가 시장에서 어느 정도의 점유율을 차지하는가를 말합니다. 시장을 독점하는 브랜드가 있다면 당연히 그들의 마켓셰어는 1등이겠죠. 마인드셰어는 점유의 대상이 시장이 아닌 소비자의 마음입니다. 즉 특정 상품 카테고리를 떠올렸을 때 어느 브랜드가 고객의 마음을 점유하고 있는지를 따집니다.

마켓셰어가 마인드셰어와 반드시 일치하는 건 아닙니다. 가령 국내 검색 서비스 시장점유율 1위는 네이버지만, 제 마음에 구글이 대표적인 검색 포털로 자리잡고 있으면 저는 네이버가 아닌 구글을 먼저 쓰겠죠. 마켓셰어가 높은 제품은 마인드셰어도 상대적으로 높겠지만, 이건 비즈니스의 프로세스와 관련된 문제라고 봅니다. 우선 어떻게든 시장을 장악하면 브랜드 인지도는 덩달아 올라갈 거라는 흐름이죠.

브랜딩은 이와 반대의 전략이 아닐까 싶습니다. 우선 마인드셰어를 높여 마켓셰어를 올리는 일이죠. 특정 카테고리에서 어느 브랜드가 사람들의 마음을 점유한 후에는 제품을 구매할 때마다 그 브랜드부터 생각날 테니까요. 사람의 마음을 차지하려면 다양한 방식의 브랜딩 전략이 필요하겠죠. 어떤 방식이 맞고 틀리고는 없습니다. 무엇이 더 어렵거나 쉽다고도 얘기할 수 없고요. 솔직히 모두 정말 어렵습니다. 무엇이 되었든 내부에서 충분히 논의하는 것이 우선입니다.

브랜드
타깃

보통 브랜딩 대상(타깃)을 설정할 때 나이, 성별 등 인구통계학적으로 구분합니다. 아니면 그냥 'MZ세대'라는 식으로 퉁치기도 하죠. 하지만 브랜딩은 대상의 성향과 취향의 영역을 먼저 봐야 합니다. 나이 들어도 젊은 브랜드를 좋아할 수 있고(29CM의 주 이용층이 20대 후반부터 30대 중반이라고 하는데 저는 40대가 훌쩍 넘었지만 지금도 29CM를 애용하거든요), 반대로 제가 보기엔 다소 올드한 브랜드를 젊은 층이 좋아할 수도 있습니다. 나이나 성별을 먼저 떠올리기보다 어떤 성향의 사람들에게 브랜딩하면, 즉 우리의 어떤 이미지와 경험을 전달하면 더 많은 팬이 생길지 고민해보세요. 인구통계학적 구분은 가장 나중에 생각해도 늦지 않습니다.

브랜드 페르소나와
고객 페르소나

브랜드 페르소나는 브랜드를 사람으로 표현한다면 어떤 사람인지를 구체적으로 묘사하는 것입니다. '가장 좋은 브랜딩은 브랜드를 사람으로 여기게 하는 것'이라는 말도 있죠. 브랜드 페르소나는 고객들에게 보여질 우리 브랜드만의 모습을 구체적으로 정하는 데 도움이 됩니다. 나이부터 시작해 성별, 취향, 성격 등이요.

한편 고객 페르소나란 우리 제품이나 서비스를 사용할 사람들이 누구인지 구체적으로 정하는 것입니다. 그래야 그런 사람들이 있는 곳을 찾아가 우리 브랜드를 보여줄 계획을 구상할 수 있으니까요.

브랜딩 전략을 기획하는 분들이라면 한 가지 알아야 할 것이 있습니다. 브랜드 페르소나와 고객 페르소나가 반드시 일치할 필요는 없다는 겁니다. 대부분의 마케터나 디자이너가 브랜드 페르소나를 설정할 때 고객 페르소나와 일치시키곤 하는데요. 가령 어느 브랜드가 10대 여성을 타깃으로 삼았다고 해서 브랜드 페르소나도 10대 여성으로 잡을 필요는 없다는 얘기입니다. 그들이 따라하고 싶고 동경할 만한 감각 있는 언니오빠가 브랜드 페르소나가될 수도 있으니까요. 브랜드 페르소나를 고민하는 분들이라면 반드시 염두에 두었으면 합니다.

지그재그와
윤여정 배우

요즘 뉴진스가 대세이긴 한가 봅니다. 수많은 제품과 브랜드 광고에서 뉴진스 얼굴을 보는 게 익숙해질 정도입니다. 그런데 이 현상을 바라보는 광고주의 마음은 어떨까요? 마냥 좋을 것 같지는 않습니다. 사람들이 뉴진스를 보면 우리 브랜드와 제품만 생각나기를 바라고 계약했을 텐데, 뉴진스가 다양한 광고에 출연하면서 인식상의 경쟁 브랜드가 많아진다고 해야 할까요? 그래서 셀럽 선택이 중요합니다. 한창 뜨는 셀럽도 좋지만 그만큼 시장의 수요도 많을 테니 말이죠.

정반대의 사례로, 지그재그가 윤여정 배우를 브랜드 모델로 기용했을 때를 기억합니다. 전혀 예상치 못했던 모델의 등장이었죠.

확실히 지그재그는 이 광고로 큰 주목을 받았습니다. 윤여정 배우를, 그것도 2030을 타깃으로 하는 브랜드에서 선택한 경우는 전혀 없었으니까요. 지그재그의 용기에 박수를 보냅니다.

그들은 왜 윤여정 배우를 기용했을까요? 저는 브랜딩의 중요 요소인 차별성과 의외성이 작용했다고 봅니다. 남들과는 다른 모델, 나아가 의외의 모델이라면 그만큼 주목도를 높일 수 있죠. 실제로 광고에서는 이런 메시지가 나옵니다. "나한테 이런 역할이 들어왔다. 근데 잘못 들어온 거 아니니?"라고요. 의외성을 제대로 노린 것이죠. 이런 메시지도 나옵니다. 남들 눈치보지 말고 마음껏 사라고요. 마음이 왔다 갔다 사는 거라고요. 지그재그라는 쇼핑몰의 특성과 브랜드 네이밍을 일치시켜 위트 있게 전달한 것이죠. 기억에 오래 남을 브랜드 광고라고 생각합니다. 저에게는 지그재그라는 쇼핑몰을 새롭게 보는 계기가 되었고요.

세대가 아닌
취향

"요즘 젊은 세대들은 이해할 수 없다."

기원전 고대 이집트에서 작성된 로제타석Rosetta Stone에서 발견된 문장이라고 합니다. 재미있지 않나요? 똑같은 문장이 수천 년간 쓰이고 있으니까요. 다른 세대를 이해해야 하는 어려움은 시대를 초월하나 봅니다.

마케팅이나 브랜딩하는 사람들도 이 말을 자주 합니다. 그런데 다른 세대를 100% 이해하는 게 애초에 가능한가요? 설령 이해한다 해도 성공한다는 보장은 없습니다. 같은 세대조차 모두 같은 것을 좋아하거나 반응하지는 않잖아요. 나와 친구가 좋아하는 것이 다르듯 말이죠. 어떤 것을 보고 자랐는지, 어떤 환경에서 어떻게 살아왔는지에 따라 좋아하는 것이 모두 다릅니다. 제가 좋아하는 브랜드를 저보다 훨씬 어린 세대가 좋아할 수도 있는 것이죠. 제가 슈프림을 좋아한다고 제 세대가 슈프림을 좋아한다고 할 수 없는 것처럼요.

결론적으로 세대를 이해하는 데 집중하기보다는 사람의 다양성과 취향을 이해하는 것, 아니 인정하는 것이 더 중요합니다. 우리 브랜드만의 개성을 좋아하는 사람들을 만드는 것과 특정 세대를 이해한다는 것은 성격이 다른 이야기입니다.

크게 생각하고
작게 시작하라

단정하고 싶진 않지만, 일반적으로 브랜딩이라는 단어가 주는 느낌이라는 것이 있습니다. 무언가 본격적이고 대단하면서 누구나 '와~' 하고 감탄할 수 있는 멋진 것이요. 맞나요? 대단한 크리에이티브를 발휘해 TV 광고도 해야 할 것 같고, 근사한 팝업스토어도 성수처럼 핫한 곳에 오픈해야 할 것 같고, 유명 디자인 에이전시의 전문성을 빌려 로고도 드라마틱하게 바꿔야 할 것 같죠.

　문제는 이런 것만 생각하다간 정작 아무것도 할 수 없다는 겁니다. 특히 작은 브랜드가 이렇게 큰 비용이 드는 활동을 하는 건 부담일 수밖에 없죠. 실무자라면 윗선을 설득해 허락도 받아야 하니 진행은 더 힘들어집니다.

저는 그래서 브랜딩은 작게 시작하라고 권하는 편입니다. 결과가 대단하지 않아도 고객 몇 명에게 우리의 존재감을 드러내고 우리를 좋게 봐줄 수 있다면 시도해볼 법합니다. 작은 시작이 작은 성공을 만들어내면 그다음은 조금 더 과감하게 나아갈 수 있습니다.

설령 시작에서 의미 있는 결과가 나오지 않았다 해도, 작게 시작한 것이니 다시 시작하는 부담도 상대적으로 적을 겁니다. 우리 브랜드다운 모습이 무엇인지, 고객에게 어떤 모습으로 보이면 좋을지, 그것이 경쟁사와 어떻게 다른지에 대한 방향과 생각이 명확하다면 시작은 작아도 좋습니다. 아니, 작게 시작해보세요.

재즈를 트는
편의점

얼마 전 편의점에 갔더니 재즈가 흘러나오고 있었습니다. 그것도 꽤 높은 볼륨으로요. '편의점에서 원래 음악을 틀었던가?' 갸웃하면서도 기분이 좋았습니다. 필요한 걸 사려는 목적 하나로 기계적으로 들어갔다 나오는 편의점에 재즈가 흐르니 그 공간에 대한 감정이 바뀌더라고요.

예전에 제가 가끔씩 방문하던 콜레트Colette라는 프랑스 온라인 쇼핑몰이 있습니다. 뭔가를 구입하기 위해서라기보다 워낙 세계적으로 팬도 많고 유명한 쇼핑몰 사이트여서 습관적으로 들어가 보는 곳이었죠. 유명 브랜드와 콜라보도 많이 진행했고요. 그중 기억에 남는 것이 그 쇼핑몰에서 늘 흘러나오는 음악이었습니다.

매일 새롭게 큐레이션한 음악을 틀더군요. 재즈가 흐르는 편의점에서 느낀 것과 비슷한 맥락 아닐까요? 청각적 요소를 통해 그 공간(심지어 온라인 공간이라 하더라도)의 느낌과 분위기가 바뀌는 거죠. 브랜딩을 하는 저에게 꽤 좋은 레슨이 되었습니다. 생각해보니 앞에서 말한 '작게 시작해본다'가 바로 이런 것일 수도 있겠네요.

브랜드를 알리는
소재 찾기

다시 말씀드리지만, 브랜딩을 위해 큰돈을 들여 대대적으로 광고를 하거나 대규모 캠페인을 해야 한다는 생각은 처음부터 버려야 합니다. 그래야 시작할 수 있습니다. 유한락스는 그들의 진정성 있는 고객상담(초등학생의 질문에도 다양한 논의를 거쳐 신중하게 답변을 달죠)이 화제가 되면서 브랜드의 호감을 만들었습니다. 물론 금전적으로 비용도 들지 않았겠죠.

이런 유한락스가 2022년에 《The White Book》이라는 브랜드북을 발간했습니다. 유한락스의 역사와 이를 만드는 담당자들의 인터뷰, 락스의 사용처와 사용법, 락스에 대한 오해와 진실 등 많은 내용이 담겨 있었습니다. (무엇보다 책이 너무 예쁩니다.) 책을 읽어보니 '락스는 역시 유한락스'라는 인식이 더 강해지더군요. 생활 용품 브랜드에서 이런 책을 만들기가, 솔직히 매출에 직접 도움이 되지 않는 정성적인 목적의 책을 만들자고 설득하기가 쉽지 않았 을 텐데 말이죠. 이런 책을 발간했다는 것만으로도 유한락스를 더 좋게 보게 되더라고요. 좋은 브랜딩 소재입니다.

바르셀로나의
어느 키즈용품 매장

10여 년 전 스페인 바르셀로나를 여행할 때였습니다. 직업이 직업인지라 브랜딩하는 사람의 시각에서 되도록 많은 매장을 둘러보았는데요. 그중 가장 인상적이었던 매장을 이야기해보려 합니다. 매장 이름은 정확히 기억나지 않지만 어린이 용품, 이를테면 인형이라든지 아이들 옷과 액세서리 등을 파는 곳이었는데요. 그 매장이 유독 기억에 남은 이유는 입구가 두 개였기 때문입니다. 보통의 성인이 입장하는 문이 있고 아이들이 드나들 수 있는 작은 문이 하나 더 있더라고요. 그 후 오랜 시간이 지났지만 어른용, 아이용 입구를 따로 둔 매장은 다시 본 적이 없습니다. 이들이 아이들을 얼마나 깊이 생각하는지 이것만 봐도 알 수 있었죠. 매장을 들어가는 순간부터요. 그때 제가 부모였다면 매장에 대한 신뢰도가 확 올라갔을 것 같아요.

남들과 다른 작은 디테일 하나가 누군가에게는 커다란 울림을 만듭니다.

우리 브랜드의
본질을 알리고 있나요?

소방관 달력 아시나요? 일명 몸짱(?) 소방관들을 모델로 해서 한때 엄청난 인기였죠. 확인해보니 벌써 9년째 나오고 있다고 하네요. 소방관 달력은 단순히 소방관이 이렇게 멋지다는 걸 보여주려고 만든 게 아닙니다. 판매 수익금은 한림화상재단에 전액 기부돼 저소득 화상 환자를 치료하는 데 쓰인다고 합니다. 화재를 진압하는 소방과 화상재단 기부라니, 정말 자연스럽게 연결되죠.

이렇듯 모든 브랜딩 활동은 그 브랜드의 본질과 연결되어야 합니다. 그래야 브랜딩을 통해 자신의 서비스를 더 효과적으로 알릴 수 있어요. 만일 소방관 달력이 멸종위기에 처한 동물보호 단체를 후원한다고 하면 어떨까요? 물론 의미 있는 일이지만 소방관과는 거리가 있어 보이죠.

한 가지 예를 더 들어보겠습니다. 앞에서도 잠깐 언급한 미스터 포터라는 영국 온라인 쇼핑몰입니다. (이제는 한국어 서비스도 하고 있습니다.) 일반적인 편집숍과는 조금 다른, 오직 남성을 위한 제품만 판매하는 남성 전용 온라인 쇼핑몰입니다. 얼마 전 여기서 제품을 하나 구입했는데, 결제가 완료된 단계에서 '기부' 메시지가 화면에 뜨더라고요. 그 메시지를 보고 포터가 브랜딩을 잘한다고 생각했습니다. 왜일까요? 기부 대상이 바로 남성, 그중에서도 전립선암, 고환암 등 남성 질환으로 고통받는 이들의 정신건강, 자살예방을 돕는 것이었거든요. 기부 가능 금액도 배송비보다 비싸지 않아 그리 부담스럽지 않았고요. 마지막에는 이런 문구가 쓰여 있었습니다. 모든 기부금은 더 행복하고 건강하고 안녕한 남성의 삶을 위해 사용된다고요. 이 역시 남성 전용 편집숍이라는 그들의 서비스 정체성과 정확히 일치하죠.

기부와 관련된 예시만 소개했지만, 모든 브랜딩 활동은 서비스와의 연결성이 분명해야 합니다. 그래야 사람들의 마음에 우리 브랜드가 더 또렷하게 남을 수 있습니다. 우리가 하는 활동의 명확한 목적과 이유를 제시할 수 있고요.

배와
물

언젠가 들은 브랜딩에 대한 비유를 옮겨봅니다. 인상적이기도 하고 동의하는 마음에 여기에 적어봅니다.

물이 없거나 너무 얕으면 배가 나아가기 힘들죠. 엔진이 강력해도, 아무리 열심히 노를 저어도 마찬가지입니다. 물이 어느 정도 채워지면 비로소 조금씩 움직이고, 수심이 깊어질수록 더 빨리 나아갈 수 있습니다. 브랜딩은 바로 '물의 깊이'를 만드는 것과 같습니다. 처음에는 물이 있어도 배가 쭉쭉 나아가지 않듯이, 브랜드가 성장하고 있다는 것이 정량적으로도, 정성적으로도 잘 드러나지 않죠. 하지만 브랜딩에 꾸준히 투자해 어느 수준을 넘어가면 성장이 조금씩 보이기 시작하고, 그 속도도 점점 더 빨라집니다.

03.   인식을 만드는 일

TV 광고와
브랜딩

가끔 광고업계에 계신 분들과 이야기를 나눠보면 광고와 브랜딩이
생각보다 꽤 다르다는 것을 느낍니다. 광고는 브랜드의 인지도와
상기도에 중점을 둡니다. 즉 우리라는 브랜드가 있다, 우리는 이런
제품이나 서비스를 제공한다, 혹은 이런 점이 좋다는 사실을 어떻
게 기억에 남게 할지 고민하는 영역이라 생각합니다. (모델로 셀럽
을 쓰는 이유도 이것이고, 이런 이유로 '병맛' 광고도 한때 많이 등장했
죠. 피식 웃으면 일단 기억에는 남으니까요.) 그러다 보니 최대한 많은
매체에 노출되어야 하고, 범용성이 큰 TV 캠페인을 중심으로 이
루어집니다. 그 밖에도 브랜드를 어디서든 상기시키기 위해 버스
셸터 같은 옥외미디어를 보조수단으로 활용합니다. 어찌 보면 굉

장히 전통적인 방식입니다. TV가 각 가정에 보급된 이래로 쭉 유지되어 왔으니 말이죠.

이렇게 볼 때 광고는 엄밀히 말하면 브랜딩이 아닌 마케팅의 영역입니다. 광고로 매장 방문이나 세일즈를 촉발시킬 수는 있어도 (물론 실패 사례도 많습니다), 브랜드만의 개성과 이미지를 만들기에는 TV 광고에 주어지는 15초 혹은 30초가 너무 짧습니다. 실제 요즘 브랜딩 잘한다고 언급되는 사례들 가운데 TV 광고가 원인인 경우는 매우 드뭅니다. (앞서 윤여정 배우를 광고 모델로 활용한 지그재그는 제가 보기에 예외적인 성공 케이스입니다.) 오히려 오프라인 팝업스토어나 굿즈, 온라인 활동이나 소셜미디어 활동의 비중이 높죠. 영상도 TV보다 시간 제약이 상대적으로 적은 유튜브 채널을 더 활발히 활용하기도 하고요. 광고를 하는 분들이 브랜딩의 중요성을 모른다는 게 아니라, 이를 소비자들에게 어필하는 데 TV 광고는 시간적, 경험적 한계가 있다는 뜻입니다. 이렇게 본다면 우리 브랜드만의 매력을 보여주겠다면서 TV 광고에만 집중하는 전략은 베스트 솔루션이 아닐지 모릅니다.

사람들이 우리 브랜드를 보았을 때 떠올릴 고유의 이미지가 이미 또렷하게 형성되어 있나요? 그 이미지를 더 탄탄하게 혹은 더 강하게 하고 싶은가요? 아니면 그 짧은 시간에 우리가 갖고 싶은 이미지만 집중해서 전달할 용기가 있나요? 그렇다면 TV 광고도 고려해볼 만한 브랜딩 수단이 될지 모르겠네요. 아니, 저라면 그렇게 활용하겠습니다. 물론 TV 광고는 엄청 비싸니 그 정도 예산이 있다는 가정하에 말이죠.

무엇을 위한
소셜미디어인가

대부분의 브랜드가 소셜미디어(SNS) 계정을 운영합니다. 29CM
에서 소셜미디어를 운영할 때였는데요, 29CM라는 브랜드의 핵심
경험이자 남다른 가치는 바로 브랜드 스토리텔링이었습니다. 즉 다
양한 국내외 브랜드의 이야기, 브랜드 제품의 스토리를 잘 전달하
는 것을 29CM만이 줄 수 있는 경험이라 정한 거죠. 소셜미디어
에도 이 기조를 잘 반영해 많은 팬을 모을 수 있었습니다.

  그런데 언제부터인가 기조가 조금씩 바뀌기 시작했습니다. 소
셜미디어 채널(정확히는 페이스북 채널)을 판매 목적으로 활용하기
시작했죠. 팬들에게 브랜드나 제품의 가치를 잘 전달하기보다, 상
품 판매와 할인 위주의 포스팅을 발행하는 방식으로 페이스북 운

영전략을 바꾼 겁니다. 결과적으로 저는 그리 효과적인 전략은 아니었다고 생각합니다. 실제로 페이스북을 통해 판매가 많이 일어나지도 않았을뿐더러, 당시 29CM 팔로어들도 그곳에서 제품을 사기보다는 다양한 브랜드 스토리를 더 듣고 싶어 했기 때문이죠. 우리가 소셜미디어를 하는 이유를 잘 생각해보면 답이 나옵니다. 그곳에서 연결된 사람들의 이야기나 일상을 알고 싶어 하지, 쇼핑채널로 보지는 않잖아요. 소셜(social)이라는 단어 그대로, 소셜미디어의 본질은 서로 간의 관계(relationship)에 있습니다.

고객과 좋은 관계를 맺기 위해 브랜드는 어떤 활동을 해야 할까요? 브랜드마다 다르겠지만 그것이 단지 제품 판매만은 아닐 겁니다. 남들이 소셜미디어를 제품 판매를 위한 광고채널처럼 운영하고 있다면, 우리 브랜드는 그와 반대로 고객과 더 끈끈한 관계를 맺는 데 집중해보면 어떨까요? 그런 곳이 있냐고요? 네, 있습니다. 영국의 음료 브랜드 이노센트 드링크Innocent Drink 페이스북은 팔로어가 60만 명이나 됩니다. 한번 방문해보세요. 포스팅마다 달린 팬들의 반응도 함께 보시고요.

경험을 파는
팝업스토어

과거의 팝업스토어는 단지 일정 기간 특정 공간에서 제품을 파는 '매대'의 느낌이 강했습니다. 기업 입장에서는 제품에 대한 소비자의 반응을 직접 볼 수 있는 데다 상설로 운영하는 매장에 비해 리스크가 작아서 유용했죠. 말 그대로 일정 기간 매장을 여는 형태였습니다. 이는 지극히 영업적이면서 마케팅적인 접근입니다.

요즘은 어떤가요. 이런 형식을 벗어난 팝업스토어가 많습니다. 시몬스의 하드웨어 스토어, 그로서리 스토어가 대표적이죠. 그곳에서는 시몬스 침대를 팔지 않습니다. 이상하죠? 짧은 기간에 가능한 한 많은 제품을 팔아야 하는 팝업스토어의 본분(?)과 동떨어졌으니까요.

왜 이런 팝업스토어를 열까요? 이는 '브랜드 경험'이라는 개념과 연결할 수 있습니다. 브랜드 경험은 그 브랜드의 연상 이미지를 만드는 데 중요한 역할을 합니다. 단지 시각적인 경험뿐 아니라 나를 둘러싼 그 공간의 모든 것들이 오감을 자극하는 경험이 되죠.

고객들에게 브랜드 이미지를 전달할 때 제품은 생각만큼 중요하지 않습니다. 그보다는 우리 브랜드가 어떤 느낌을 주는지가 더 중요해요. 그렇기에 시몬스가 하드웨어 스토어를 여는 것일 겁니다. 일반적인 시몬스 매장에서는 줄 수 없는 새로운 경험을 줄 수 있으니까요.

이때 반드시 염두에 두어야 할 것이 있습니다. 단순히 고객을 끌어들이고 재미와 이슈를 만드는 용도로만 팝업스토어를 운영해서는 안 된다는 겁니다. 그 안에는 그 브랜드가 지향하는 혹은 고객들의 마음속에 전달하려는 이미지가 또렷하게 그리고 구체적으로 정립되어 있어야 합니다. 그래야 비싼 돈을 주고 공간을 임대하고 기획하는 의미가 있겠죠. 만약 팝업스토어를 계획 중이라면 이것만 기억하시면 좋겠습니다. 방문객들이 우리 브랜드에서 어떤 인상을 받고 돌아가야 하는지.

시너지

브랜드가 사용자와 만나는 접점은 끝이 없습니다. 오프라인 매장이 있는 브랜드라면 고객이 사용하는 화장실도 접점이 됩니다. 사용자와의 모든 접점이 브랜드의 인상을 좌우한다니, 브랜딩의 영역은 정말 끝이 없죠. 때로는 아무거나 갖다붙여도 브랜딩에 해당하는 단어 같기도 하고요.

하지만 이 모든 접점을 브랜딩 부서에서 다 책임질 수는 없겠죠. 인원이 아무리 많아도 부족할 겁니다. 개인적으로는 모든 서비스와 제품을 총괄하는 회사의 대표가 브랜딩을 신경쓰는 게 가장 이상적이라 생각합니다. 그러기 힘들다면 브랜딩을 총괄하는 이에게 정말 많은 권한을 줘야 할 테고요. 그래야 다양한 접점의 브랜드 경험을 두루 신경쓸 수 있습니다. 대표님은 사업에 더 집중하고 말이죠. 이럴 때 양쪽의 시너지 효과가 일어난다고 생각합니다.

서사가 있는
브랜드

브랜드 내러티브라는 말을 들어보셨는지 모르겠습니다. 처음 듣는 다면, 스토리텔링이라는 단어는 익숙하시죠? 내러티브(narrative)를 한글로 직역하면 '서사'입니다. 서사라는 단어는 여러 의미로 해석 될 수 있는데요, 아주 쉽게 얘기하면 대상이 담고 있는 이야기 즉 스토리텔링이라 할 수 있습니다.

이 책 초반부에 언급한 가치소비 기억하세요? 가격을 뛰어넘는, 그 브랜드를 소유했을 때 느끼는 고유한 감정이라 했죠. 브랜드마 다 이를 만들기 위해 그동안 다양한 전술(?)을 펼쳐왔습니다. 그렇 다면 스토리텔링은 가치소비에 어떻게 도움을 줄 수 있을까요? 여 기에는 몇 가지 형태가 있습니다.

첫째는 팩트 기반의 스토리입니다. 역사와 전통, 즉 기업이나 브랜드의 헤리티지를 전하는 클래식 명품 브랜드가 적합한 사례가 될 듯합니다. 샤넬의 창업자이자 여성복의 새로운 기준을 만들었다고 평가받는 가브리엘 "코코" 샤넬이나, 몇백 년 동안 한길만 걸어온 장인이나 브랜드 창업자의 이야기가 이에 해당하죠. 이런 스토리의 장점은 기억하기 쉽고 주위에 전파하기도 좋다는 겁니다. 조금 과장하자면 마치 구전동화처럼 다양한 매체를 통해 사람들의 입에서 입으로 전달되며 더 많은 고객을 불러 모으곤 하죠. 몇몇 브랜드는 헤리티지라는 가치를 등에 업고 글로벌 브랜드로 성장하기도 합니다. 역사와 전통 그리고 장인정신을 높이 사지 않는 소비자는 없을 테니까요. 헤리티지까지는 아니어도 창업자가 고난을 극복하고 회사를 일군 성공 스토리도 이런 방식을 따릅니다.

스토리텔링이 반드시 팩트에서 출발하는 것만은 아닙니다. 브랜드가 지향하는 헤리티지 이미지를 기반으로 마케터들에 의해 만들어지기도 합니다. 폴로 랄프로렌은 아메리칸 클래식 그리고 상류사회의 이미지를 전하기 위해 오랜 기간 다양한 브랜드 커뮤니케이션을 펼쳤고, 결국 원하는 이미지를 만드는 데 성공했습니다. 가공되기는 했지만 이 역시 브랜드 내러티브 방식, 즉 브랜드가 스토리텔링을 활용하는 방식에 포함됩니다.

또 다른 방식은 기업의 철학이나 정신을 기반으로 스토리를 전달하는 것입니다. 우리에게 가장 익숙한 애플과 나이키가 이러한 예죠. 애플은 단지 IT 제품을 만드는 회사가 아닌 'Think different', 즉 기존과 다른 생각을 통해 혁신적인 제품을 만들고 창작자들이 발상을 현실화하도록 돕는다는 가치를 전달합니다. 나이키 역시 단순히 운동화 제조업이 아니라 스포츠 정신을 응원하며 그것을 돕는다는 철학을 설파합니다. 앞에서 말씀드렸듯이 제가 나이키 운동화를 사는 이유이기도 하고요.

브랜드가 스토리텔링을 하는 목적은 무엇일까요? 브랜딩과 마찬가지로 '브랜드를 다른 곳과 차별화하고 팬을 만드는 것'입니다. 팬은 미묘한 성능 차이나 가격 변화에 예민하게 반응하는 대신 지지하는 제품을 반복 구매하고, 나아가 자발적인 브랜드 서포터즈로 활동하죠. 서포터즈를 통해 또 다른 팬이 생겨나기도 하고요. 그런 점에서 브랜드 내러티브 또는 스토리텔링도 단순히 판매고를 높이기 위한 일반적인 마케팅 활동이라기보다는 팬을 만드는 과정입니다. 즉 철저히 브랜딩의 영역으로 보아야 합니다. 그러므로 이 또한 장기적으로 일관된 전략을 펼쳐야겠죠. 앞서 언급한 브랜드들이 오랜 시간 자신의 이야기를 꾸준히 전달하는 걸 보세요. 요즘 유행하는 '브랜드 세계관'이라는 용어도 이 브랜드 내러티브 방식의 확장된 형태라 할 수 있겠습니다.

스토리가 만드는
브랜딩

같은 술을 마셔도 이 술의 역사가 얼마나 오래되었고 어떤 방식으로 만드는지 알게 되자 그 술이 더 맛있게 느껴진 경험이 있습니다. 넷플릭스에 백종원 대표가 나온 〈백스피릿〉이라는 프로그램이 있는데요. 이 방송을 볼 때마다 술 생각이 나곤 합니다. 다양한 술에 얽힌 다채로운 이야기를 곁들여 주거든요. 가령 출연자와 소주를 마시며 다양한 국내 지역 소주를 소개하고, 그들의 탄생 스토리를 알려주죠. 그걸 듣고 있으면 그 모든 술을 한자리에서 다 마셔보고 싶더라고요.

29CM에 있을 당시 기획했던 '브랜드 코멘터리'라는 콘텐츠가 있습니다. (아쉽게도 저는 기획만 참여하고 콘텐츠 오픈 전 퇴사하게 됨

니다만.) 국내외 다양한 브랜드의 탄생부터 그들이 만드는 제품 이야기까지 짧게 풀어내는 콘텐츠인데, 얼마 전 기사를 보니 브랜드 코멘터리를 통해 해당 브랜드들의 매출이 많이 올랐다고 하더라고요. 이렇듯 이야기는 제품을 바라보는 우리의 시각 자체를 다르게 만들 수 있습니다. 스토리의 힘이죠. 이것을 우리 브랜드에 어떻게 활용할 수 있을까요? 사람들이 관심 가질 만한 스토리가 우리 브랜드에 있나요? 브랜드의 역사나 탄생 배경이 아니어도 이야기의 소재는 어디서든 찾을 수 있다고 생각합니다. 브랜딩을 해야 한다면 생각해볼 여지가 있는 화두입니다.

브랜드의
말과 글

목소리와 말투는 사람의 인상에 얼마나 중요할까요? 저는 꽤 중요하다고 생각합니다. 목소리와 말투로 신뢰감을 줄 수 있고 개성을 표현할 수도 있으니까요. 개인적인 생각이지만, 이선균 배우가 그렇지 않나 싶어요. 그의 말투는 묵직하면서 차분하고 또 개성 있습니다. 여러분은 어떻게 생각하시나요? 아마 공감하는 분들이 많을 겁니다. 누군가를 처음 만났을 때의 기억을 되짚어보세요. 상대방의 목소리나 말투가 첫인상에 얼마나 영향을 미쳤는지요.

브랜드에서 목소리와 말투에 해당하는 건 무엇일까요? 아마도 브랜드가 구사하는 글과 톤앤매너 아닐까요. 원래 없던 목소리를 브랜드에 입히는 것이기에 글과 톤앤매너가 더 중요합니다. 문제는 브랜드만의 톤앤매너로 글을 쓰기가 무척 힘들다는 겁니다. 이유는 간단합니다. 여러 담당자가 각자의 언어로 글을 쓰기 때문이죠. 브랜딩 담당자라면 이 점을 고민해봐야 합니다. 우리만의 신뢰를 담아내려면 어떤 기준으로 글을 작성하고 어떤 느낌을 주어야 하는지 말이죠. 간단히 말했지만 굉장히 어려운 작업입니다. 솔직히 저도 잘 못하는 영역 중 하나이고요. 그래서 예전 회사에서 동료 에디터와 이것을 잡아보는 작업을 했습니다. 어떤 단어를 쓰고 어떤 것을 쓰지 않을지 우선 구분하고, 어떻게 생각하고 그에 맞는 표현법으로 어떻게 글을 쓸지, 그것이 우리 브랜드다운 글인지를 몇 달에 걸쳐 고심해 문서로 만들었습니다. 그렇게 해도 곧바로 문제가 해결되지는 않았습니다. 브랜드에서 나가는 모든 문장을 담당자 한 명이 도맡아서 쓸 수는 없기 때문이죠. 하지만 문서화해 두면 적어도 자신의 글이 가이드에 맞는지 판단할 수는 있습니다. 브랜딩에는 이런 노력까지 포함됩니다. 말씀드린 것처럼 브랜드의 인상을 결정하는 데 글과 톤앤매너가 매우 중요하게 작용하기 때문입니다. 정말 어려운 작업이라고 다시 한 번 강조하고 싶습니다. 내부에 에디터가 없다면 더욱 그럴 테고요.

티파니와
배달의민족

브랜드를 인지시키는 여러 방식이 있지만 그중 하나가 컬러 혹은 컬러의 조합을 활용하는 것입니다. 우리의 기억 속 컬러를 선점한다는 표현이 더 정확하겠네요. 마켓컬리는 보라, 맥도날드는 노랑과 빨강, 29CM와 무신사는 블랙… 이런 식으로 말이죠. 컬러 선점이 왜 중요할까요? 어디서든 그 컬러만 보면 그 브랜드가 생각나기 때문이에요. 그러니 우리 브랜드를 떠올리게 하는 데(이를 '브랜드 리콜'이라 합니다) 컬러를 잘 활용하면 좋습니다.

이 또한 오랜 노력이 필요합니다. 한번 선점하면 끝인가 하면 그렇지도 않아요. 계속 그 컬러를 노출해서 선점한 고지를 지켜야죠. 미세하게 쪼갠다면 세상에 온갖 색이 수도 없이 많겠지만 인간이 인지할 수 있는 대표적인 컬러는 한정되어 있으니 내 것을 지키지 않으면 다른 이가 가져갈 수 있습니다. 예전에 민트 컬러는 티파니를 연상시켰는데, 이제 저는 티파니보다는 배민이 먼저 떠올라요. 앞서 블랙은 무신사, 노랑과 빨강은 맥도날드라고 했는데, 여러분은 다른 브랜드를 떠올릴 수도 있죠. 아마 같은 이유일 겁니다.

비주얼
아이덴티티

브랜드의 시각적 정체성을 잡는 일을 비주얼 아이덴티티 혹은 비
주얼 아이덴티티 디자인이라고 합니다. (보통 디자인 업계에서는 이
를 브랜드 아이덴티티라고 말하는데, 이 표현은 옳지 않다고 생각합니다.
브랜드에 시각적 요소만 있는 것은 아니니까요.) 비주얼 아이덴티티는
브랜딩에서 빼놓을 수 없는 작업입니다. 이것으로 브랜드의 통일
성과 일관성을 시각적으로 표현할 수 있으니까요.

 이때 반드시 트렌디한 디자인을 차용하거나 다양한 컬러를 쓸
필요는 없습니다. 예쁘지만 통일성 없는 디자인보다는 나름의 규
칙이 분명한 디자인이 훨씬 더 유용합니다. 사용하는 폰트도 마찬
가지입니다. 단순히 트렌디하거나 심플하게 보이고 싶다는 이유로

로고를 바꾸고 시각적 개편을 하려는 시도는 지속 가능한 브랜딩이 아니라고 생각합니다. 트렌드는 시간이 지나면 또 바뀌기 마련이니까요. 그보다는 우리 브랜드를 시각적으로 어떻게 표현할 수 있을지, 그 안에 우리만의 개성이 담겨 있는지, 이것을 모든 서비스와 (외부 광고를 포함한) 마케팅 머티리얼(marketing material), 내부 제작물에까지 통일감 있게 적용할 수 있을지를 고민해야 합니다.

우디 앨런과
윈저 폰트

우디 앨런 영화 좋아하시나요? 인물에 대해 이런저런 논란이 많지만, 영화로는 좋아합니다. 그가 감독한 영화에는 그만의 위트와 유머 코드, 수다와 해프닝이 있습니다. 보고 나면 기분이 살짝 좋아지죠. 늘 올드 재즈를 배경음악으로 선택하는 그의 취향도 한몫합니다. 또한 알아차린 분도 계시겠지만 그의 영화를 보면 오프닝 크레딧에 늘 같은 폰트가 등장하는데요, 바로 윈저Windsor라는 폰트입니다. 저는 그 폰트를 볼 때마다 '아, 이제 우디 앨런의 영화가 시작되는구나' 싶어서 참 반갑더라고요. (특히 'directed by Woody Allen'이라는 크레딧이 나올 때 유독 그렇습니다.) 수십 년간 같은 폰트를 사용한 덕에 윈저는 이제 우디 앨런을 대표하는 폰트가 되었습니다. 우연히 다른 곳에서 그 폰트를 볼 때도 그의 영화가 떠오릅니다.

많은 브랜드가 자체 폰트를 개발하는 데에는 여러 이유가 있지만, 브랜딩 관점을 무시할 수 없을 겁니다. 하나의 폰트를 오래도록 잘 사용하면 그 브랜드만의 대표성을 띠게 됩니다. 심지어 윈저 폰트는 우디 앨런을 위해 만들어진 게 아닌데도 그를 대표하게 되었죠.

이때 중요한 것은 폰트를 얼마나 꾸준히 브랜드의 모든 영역에 잘 활용하는가인데요, 국내에서 이것을 가장 잘하는 곳은 현대카드라 생각합니다. 2004년에 만들어진 현대카드의 유앤아이 폰트를 지금도 꾸준히 쓰고 있으니 말이죠. 여러분의 브랜딩은 이런 부분도 염두에 두고 있나요? 아니라면 한번 고려해보시면 좋겠습니다. 반드시 자체 폰트를 제작해야 하는 건 아닙니다. 더 중요한 것은 우리가 사용하는 폰트에 담긴 개성 혹은 차별성, 그리고 무엇보다 꾸준한 활용이니까요.

브랜드 네이밍

브랜딩하는 사람이라면 반드시 브랜드 이름을 지어야 하는 상황에 맞닥뜨리게 됩니다. 이미 어느 브랜드에 소속되어 있다 해도 서브 브랜드를 론칭할 수도 있고 PB상품을 만들 수도 있으니까요. 어쩌면 지금의 브랜드명을 바꿔야 할 수도 있고, 브랜드를 론칭하기 전 단계라면 서비스의 브랜드명을 정할 수도 있겠죠.

이름을 지을 때 대부분의 사람들이 어떻게든 큰 의미를 부여하려 합니다. 서비스를 정의하는 혹은 서비스가 지향하는 문구의 약어로 이름을 짓는다거나, 각각의 알파벳(보통 영어일 테니)에 의미심장한 의미(예를 들어 i는 innovation)를 부여하곤 하죠. 저도 그런 고민을 하지 않은 것은 아니에요. 어떻게든 이름에 의미를 부여하려 노력했고, 그렇게 이름이 정해진 경우도 있습니다.

그런데 그거 아시나요? 우리가 매일 사용하는 구글의 원래 이름은 구골(Googol, 10의 100제곱)이라는 수학용어였는데, 잘못 옮겨 적는 바람에 아무 뜻도 없는 'Google'이 되었다는 것을요. 오타가 브랜드명이 된 거죠. 말이 되나요? 글로벌 IT 기업의 이름이 실수로 만들어졌다니요. 이름 지을 때마다 알파벳 하나하나에 의미를 부여하려 했던 과거의 노력이 조금 허무하게 느껴지기도 합니다.

지나고 보면 이름의 의미는 그다지 중요하지 않더군요. 사람도 그렇잖아요. 파블로 피카소가 유명한 것은 그가 세상에 선보인 작품 덕분이지, 이름의 뜻이 대단해서는 아니니까요. 브랜드 네이밍이 고민이라는 창업자나 책임자를 만날 때마다 저는 이렇게 말합니다. 다양한 네이밍을 고민해보는 것은 물론 필요하지만 그것에 반드시 특별한 의미를 부여하기보다는 부르기 쉽고 기존의 다른 브랜드 이름과 겹치지 않으면서도 마음에 드는 이름을 선택하시라고요. 중요한 것은 이름 그 자체가 아니라, 그 이름을 달고 세상에 선보이는 서비스와 이름에 담긴 우리 브랜드만의 이미지나 가치입니다. 브랜드를 사용하는 고객의 마음에 어떤 의미를 부여할지가 훨씬 중요합니다.

브랜드
슬로건

서울시가 'I SEOUL U'를 대체할 새로운 브랜드 슬로건을 찾는다
고 합니다. 'SEOUL MY SOUL', 'AMAZING SEOUL' 등이 후
보라고 하는데요. (이 책이 나올 때쯤이면 새로운 슬로건이 정해졌겠네
요.) 여기서 의문이 하나 생깁니다. 새롭게 브랜딩한다면서 매번 슬
로건을 바꾸면 사람들 머릿속에 과연 어떤 일관된 이미지가 쌓이
고 남을지 모르겠습니다. 오히려 혼선만 생기지 않을까요?

브랜드 슬로건을 만든다면 그 브랜드만이 가진 정신 혹은 미션
을 담는 것이 좋습니다. 그래야 바뀌지 않고 오래가죠. 브랜드의
대표성이자 지향점을 포함하는 건 당연하고요. 브랜드 슬로건이
단지 기능을 표현하거나 그럴싸한 수식어 역할만 한다면 시간이

지날수록 경쟁력이 떨어지고 고루해집니다. 무엇보다 중요한 것은 브랜드 슬로건 자체보다, 그 슬로건에 맞는 무언가를 만들어 일관되고 지속적으로 전파하는 것입니다. 이 점을 잊지 않았으면 좋겠습니다.

개인적인 바람으로는 SEOUL에 영어로 된 미사여구를 붙이기보다 SEOUL이라는 단어를 그대로 두면 좋겠습니다. 멋있는 수식어를 추가하는 것보다, 서울을 여타 도시와 다른 브랜드로 여기게끔 하는 것이 더 중요하니까요. 그것이 서울을 대변하고 서울의 이미지를 더 개성 있고 뾰족하게 바꿀 수 있다면, 그것으로 충분하지 않을까요?

리브랜딩과
브랜딩

저는 최근까지 라운즈라는 회사에서 리브랜딩에 전념했습니다. 나름의 가시적인 성과를 거두었고요. 덕분에 감사하게도 리브랜딩 관련 강연이나 출간 제안을 제법 받았습니다. 강연은 많이 수락했어요. 강연을 통해서도 라운즈라는 브랜드를 청중에게 알릴 수 있으니까요. 하지만 리브랜딩에 대한 집필 제안은 거절했습니다. 리브랜딩과 브랜딩의 과정은 큰 차이가 없다고 생각하기 때문입니다.

리브랜딩을 하는 이유는 간단합니다. 기존 브랜딩의 방향이 올드하거나 잘못되었다고 보고 이전과는 다른 방향으로 브랜딩을 진행하거나, 예전에 브랜딩을 거의 하지 않았기 때문에 새롭게 브랜딩을 하는 것이죠. 방향을 바꾸든 새롭게 하든 브랜딩을 고민하는 방식은 별반 다르지 않습니다. 우리의 핵심경험이 무엇인지 (다시) 정의하고 우리의 모습을 새롭게 하고 그것을 다양한 활동으로 외부에 알리는 것. 그 과정에서 차별성과 일관성, 지속성 등의 요소를 고려하고 브랜딩을 꾸준히 이어가는 것입니다. 그래서 리브랜딩과 브랜딩에는 큰 차이가 없다는 것이 제 생각입니다.

가성비와
가심비

여러분의 브랜드는 가성비가 좋은 브랜드인가요, 아니면 가심비가 높은 브랜드인가요? 전자는 가격 대비 퀄리티(성능)가 좋은 브랜드를 말하죠. 가성비로 사람들의 마음을 선점하면 그 브랜드는 성공합니다. 유니클로나 무신사 스탠다드가 대표적이죠. 그렇다면 가심비는 무엇일까요? 많이들 아시는 것처럼 이 브랜드를 쓰면서 어떤 마음이 생기는지를 말합니다. 가격이 비싸도 럭셔리 브랜드를 사는 이유입니다. 가성비의 논리로는 이것을 설명할 수 없어요. 아니, 사지 말아야 할 블랙리스트에 가까울지 모릅니다.

하지만 여러분도 럭셔리 제품 하나쯤은 갖고 싶어 하지 않나요? 왜일까요? 그 브랜드를 소유했을 때 내가 느끼는 감정이나 나를 표현하는 이미지가 가격, 아니 가성비를 훌쩍 넘어서기 때문입니다. 어쩌면 브랜딩은 이것에 더 집중하는 영역이라 생각합니다. 모든 소비자가 이성적 판단으로만 구매하지는 않습니다. 감성적 영향이 오히려 더 중요할 수도 있어요. 이를 만드는 것이 브랜딩이라 할 수 있겠습니다. 여러분의 브랜드는 가성비와 가심비, 어디에 더 집중하고 싶은가요?

수치의 딜레마

기업의 모든 활동은 대부분 '지표'를 동반합니다. 평가를 위해서라도 기준이 필요하니 지표가 있는 것은 당연하죠. 모든 브랜딩 활동을 수치화하기란 불가능할지 모르지만, 어떻게든 이 활동을 지속하기 위해서는(지속성이 중요하다고 했죠?) 수치가 동반되어야 합니다. 그래야 경영진을 설득하고 한 걸음 더 나아갈 수 있습니다.

문제는 브랜딩 담당자가 수치라는 지표에만 매몰되었을 때 발생합니다. 목표한 수치를 달성하는 데에만 골몰하다 보면 브랜드를 어떻게 차별화할 것인지, 우리 브랜드만의 개성을 어떻게 표현할 것인지에 대한 고민은 자칫 뒤로 미뤄지기 쉽거든요. 우선순위가 바뀌는 것이죠. 숫자 달성이 브랜딩의 목표가 되면 결과적으로 일관성 없는 활동이 이어지기 쉽고, 브랜딩에 관한 장기적인 접근은 어려워집니다. 수치가 한 번만 안 나와도 브랜딩을 멈추거나 방향을 틀 수 있거든요. 실제로 숫자 목표를 달성하고자 브랜드 메시지를 변경하거나 지금까지 유지해온 브랜드만의 톤앤매너를 깨는 것도 저는 목격했고요.

브랜딩을 하면서 윗선 혹은 경영진을 설득하기 위해 수치의 변화를 보여줄 필요는 분명히 있습니다. 하지만 수치에만 연연하면 궁극적으로 가고자 하는 방향과 역행할 수 있음을 잊지 말았으면 좋겠습니다. 사실 이는 브랜딩에 대한 경영진 혹은 대표의 의지와 마음가짐이 중요한 이유이기도 합니다. 의사결정권자가 숫자에 일희일비하면 어떤 브랜딩도 흔들릴 수밖에 없으니까요.

반응의
가속도

처음 브랜딩을 진행할 때 답답한 점이 참 많죠. 무엇이든 처음이 가장 힘든 것처럼요. 하지만 점점 브랜드가 외부에서 인정받게 되면(인정이라는 단어에는 많은 것이 내포되어 있습니다. 인지를 넘어 관심과 호기심, 주변 기업들의 의식, 입소문, 더 나아가 러브마크) 브랜딩 활동에도 가속도라는 것이 붙습니다. 더 많은 활동을 한다는 의미라기보다 무엇이든 한 번 진행할 때 처음보다 반응도가 훨씬 높아지죠. 더 많은 관심을 받고, 팬들이나 주변 사람들에 의해 퍼져나가는 규모나 속도도 처음에 비해 훨씬 크고 빨라집니다. 혹여 그 속도가 외부의 어떤 영향(주로 부정적인 무언가겠죠)으로 저항을 받는다 해도 이미 붙은 속도는 좀처럼 줄어들지 않습니다. 이 점을 인지하고 꾸준히 브랜드를 키워간다면 결국 좋은 결과가 있으리라 생각합니다. 그러니 포기하지 마세요. 첫술에 배부를 수 없으니까요.

천천히
누적되는 힘

브랜딩을 하면서 '왜 생각만큼 반응이 안 나오지?', '왜 바이럴이 안 될까?', '소셜미디어에 포스팅이 안 올라오네?' 하며 조바심이 난 적이 한 번쯤은 있을 겁니다. 냉정한 결론이지만 우리가 진행한 브랜딩이 사람들의 무언가를 건드리지 못해서입니다. 아니, 건드렸을 수는 있지만 화제가 될 만큼 깊이 파고들지는 못했다는 말이 더 맞겠네요. 현실은 결코 우리가 기대하고 예상한 대로 흘러가지 않죠. 물론 정반대의 경우도 있습니다. 예상외의 입소문과 반응이 행운처럼 찾아올 때 말이죠.

저는 두 경우를 다 겪어봤는데요. 열심히 준비한 브랜드 캠페인의 반응이 미지근한 적도, 외부 고객을 염두에 두고 한 활동이 아넌데 갑자기 이곳저곳에서 회자되고 레퍼런스로 쓰일 만큼의 존재감을 만든 적도 있습니다. 심지어 처음에는 반응이 저조하다가 뒤늦게 트위터에서 엄청난 바이럴이 일어난 적도 있었습니다. 결론을 말씀드리면 브랜딩은 무엇이 되었든 꾸준히 계속해야 한다는 겁니다. 사람들의 마음을 조금이라도 움직일 때까지요. 마음이 움직일 만한 감정은 한순간 훅하고 만들어지지 않더라고요. 누군가를 좋아하는 감정은 대부분 천천히 누적되어 만들어집니다. 어느 선을 넘는 순간 상대방을 잊지 못하게 되고요. 브랜드의 팬 역시 이렇게 만들어지는 것 아닐까요.

꾸준함

얼마 전《1페이지 마케팅 플랜》이란 책에서 본 내용인데요. 영업
사원이 관심고객을 열성적인 팬으로 만들기까지 무려 12번의 접
촉이 필요하고 합니다. 하지만 영업사원의 50%가 한 번 접촉한
후 포기한다고 하네요. 전체의 65%가 2회 접촉, 79.8%가 3회 접
촉 이후로 나아가지 못하고요. 이 고비를 넘어 다섯 번은 접촉해
야 관심고객의 마음 한구석에 자리잡을 수 있고, 최소 7회는 만나
야 관심고객의 마음에 가장 먼저 떠오르는 사람이 된다고 합니다.

영업사원의 예이지만, 사람의 마음을 움직여야 하는 것은 브랜
딩도 마찬가지여서 이 내용이 저에게 크게 와닿았습니다. 어떤 계
기로든 우리 브랜드를 그만큼은 만나게 해야 한다는 것이죠. 비록

초반 몇 번의 접촉이 별다른 효과가 없다고 해도 말입니다.

많은 기업에서 브랜딩이 어렵다며 손을 떼는 이유가 바로 이것입니다. 몇 번의 시도로 효과가 없다고 판단하는 것이죠. 적어도 일곱 번은 만나야 고객의 마음에 우리 브랜드가 자리잡을 수 있다면, 브랜딩에서 가장 중요한 것은 꾸준함 아닐까 싶습니다.

브랜드
커뮤니티

요즘은 비즈니스에 커뮤니티가 중요하다는 말을 많이 합니다. 관련 책도 많이 나오고요.

제가 생각하는 커뮤니티의 핵심요소를 정리해봤는데요. 하나는 공통된 주제 혹은 관심사를 통해 사람들이 모인다는 것이고, 또 하나는 이를 통해 유대감이 만들어진다는 겁니다. 나아가 그들만의 문화가 만들어질 수도 있죠. 문화가 형성된다면 어떻게 될까요? 자부심이 생길 수도 있고, 또 주변에 자신들의 문화를 자연스럽게 전파할 수도 있습니다. 이것이 제가 생각하는 브랜딩의 정의처럼 '남들과 나를 구분하는' 요인이 되기도 하고요.

사람들이 관심 갖는 공통된 주제가 바로 우리의 브랜드라 생각해봅시다. 어떤 일이 일어날까요? 우리 브랜드를 좋아하는 사람들이 제품을 넘어 브랜드 활동에 대한 정보를 공유하고 더 빠져들겠죠. 여기에 브랜드가 직접 개입하면 자연스럽게 그들과 깊은 관계가 만들어질 테고요. 깊은 관계가 형성되면? 브랜드와 일종의 '의리' 같은 게 생긴다고 할까요. (유대감 혹은 브랜드 충성도가 되겠죠.) 그렇게 되면 이들이 적어도 가격이나 기능 때문에 브랜드를 바꾸는 일은 없을 겁니다.

지금은 무신사로 통합되어 서비스를 종료했지만 과거 스타일쉐어가 그랬습니다. 스타일쉐어는 패션 공유 커뮤니티로 시작된 서비스인데요. 패션이라는 주제를 중심으로 그들만의 작은 문화를 형성했고(스스로를 '스쉐러'라고 부르는 것이 한 예죠), 서로의 패션을 공유하는 것은 물론 오프라인에서 플리마켓을 열기도 했습니다. 이때 스타일쉐어가 적극 개입했습니다. 회사 비용으로 플리마켓을 열어주고 현장에서 스타일쉐어 유저들과 단단한 관계를 이어갔죠. 플리마켓은 점점 규모가 커져서 스타일쉐어 마켓페스타라는 큰 행사로 이어지며 수많은 유저들을 참여시켰습니다. 이를 통해 이름을 알린 브랜드도 많았습니다. 유저들도 자발적으로 행사에 참여해 즐겼고요. 그들과 브랜드 간의 유대는 더욱 끈끈해졌고, 이는 브랜드를 재차 방문하고 사용하는 중요한 이유가 되었습니다. 이것이 브랜드 커뮤니티의 효과입니다.

브랜딩을 하는 분들이라면 누구나 이런 커뮤니티를 꿈꿀 거라 생각합니다. 단, 이때 잊지 말아야 할 것이 있습니다. 단지 브랜드 계정의 팔로어가 많아졌다고 해서 커뮤니티가 형성되었다고 보는 건 큰 오해입니다. 무엇이 되었든 그들끼리의 커뮤니케이션이 발생할 수 있는 판을 만들어주어야 합니다. 서비스 내부에서건 외부에서건 말이죠. 그리고 여기에 브랜드가 적극 개입하는 것이 그 시작입니다. 배민이 자신을 좋아하는 팬들이 있다는 것을 인지하고 배짱이라는 팬클럽을 조직하고 행사를 열었던 것이 하나의 예 아닐까요. 브랜드 커뮤니티를 활용하기 위해 가장 중요한 것은 많든 적든 우리 브랜드를 좋아하는 팬을 만드는 것입니다. 그래야 커뮤니티를 시작할 수도 있어요. 그리고 그것이 제가 수차례 말씀드린 브랜딩의 목적입니다.

리타기팅
광고

저는 소셜미디어로 주로 페이스북을 애용하는데요. 피드를 보다 보면 저를 끝없이 따라다니는 리타기팅(retargeting) 광고 때문에 얼굴을 찌푸릴 때가 많습니다. 특정 웹페이지를 방문하면 그곳의 상품 광고가 제 소셜미디어, 그리고 제가 방문하는 다른 사이트까지 계속 따라다니는 형식의 광고를 뜻합니다. (관심사 타기팅 광고도 마찬가지입니다.) 여러분도 이런 경험 많으시죠? 우리 사이트를 방문했으니 넌 우리에게 관심 있구나 하면서 나를 줄줄 따라다니는 그 광고요. 광고가 재미있기라도 하면 괜찮겠는데 정말 다 비슷비슷하죠. 정작 어떤 브랜드나 제품이 궁금해도 광고 때문에 해당 사이트에 들어가기가 싫을 정도니 말입니다.

오프라인 매장에 옷을 구경하러 갔는데 점원이 계속 내 뒤를 따라다닌다고 생각해보세요. 어떠신가요? 아, 이 직원이 나를 참 잘 챙겨준다는 생각에 기분 좋을까요? 아닐 겁니다. 오히려 마음 편하게 살펴보고 싶은데 부담스럽고, 결국 얼른 매장을 떠나고 싶어지기도 하죠. 이 정도면 거의 디브랜딩(de-branding, 브랜드 이미지를 해하는 활동)이라 보아도 맞겠다는 생각마저 듭니다. 제품을 하나라도 더 보여주고 팔아야 하는 점원 입장은 이해되지만, 고객의 입장은 또 다르잖아요.

마찬가지로 저는 리타기팅 광고를 열심히 집행하는 마케터의 입장은 이해하지만, 브랜드에 긍정적 영향을 주지는 못한다고 생각합니다. 물론 퍼포먼스 마케팅 부서와 이런 것들을 논의하고 조율하는 과정이 쉽지는 않습니다. 서로의 입장과 목표를 이해하기 때문에 더 그렇습니다. 그렇다고 우리 브랜드에 부정적 영향이 오도록 그냥 구경만 할 수는 없죠. 그래서 서로가 만족할 만한 접점을 찾기 위해 더 열심히 고민합니다. 리타기팅 광고를 통해서도 우리 브랜드에 호감을 줄 수 있는 크리에이티브가 무엇일지, 무리해서 리타기팅 광고를 운영하는 것이 담당자만의 입장은 아닌지를요. 늘 어려운 숙제지만 어떻게든 방법을 찾고 시도해봐야죠.

브랜딩과
디자인

시각적인 디자인은 브랜딩의 일부입니다. 브랜드의 외모를 만드는 역할이에요. 중요합니다. 누구든 외모가 깔끔하고 잘생기면 기억에 남기도 하고, 일단 나도 모르게 한 번 더 보게 되잖아요. 하지만 외모가 그 사람의 모든 것을 말해주지는 않죠. 마찬가지로 디자인은 브랜딩의 필요조건은 될 수 있어도 충분조건은 되지 않습니다. 그러니 제발 로고와 심볼, 브랜드 컬러를 바꾸고 굿즈를 만들고 사무실 인테리어를 멋지게 꾸미는 것만을 브랜딩이라 생각하지 않았으면 좋겠어요. 브랜딩은 시각적 영역이 아닌 감성의 영역입니다. 리브랜딩도 마찬가지고요.

크리에이티브와
디자인

앞 내용과 유사한 맥락에서, 일반적으로 크리에이티브 디렉터라 하면 디자인 전문가를 떠올리곤 합니다. 기업에서 CD라는 호칭은 대개 디자인 부서의 수장을 뜻하거든요. 하지만 저는 가끔 생각합니다. 크리에이티브라는 단어가 반드시 디자인하고만 매칭되는 것인가 하고요. 창조적인 발상이 디자인 영역에서만 나오지는 않습니다. 브랜딩이나 사업기획, 상품기획 같은 영역에서도 요구될 수 있죠. 크리에이티브가 디자인만의 용어는 아니라는 겁니다. 따라서 조직의 크리에이티브 디렉터는 특정 직군의 책임자를 말하기보다는, 브랜드의 서비스를 창의적인 방향으로 이끌거나 그러한 조직을 리드하는 사람에게 부여하는 것이 맞다고 생각합니다.

감각

브랜딩에서 중요한 것은 무엇일까요? 쓰고 보니 질문이 잘못됐네요. 브랜딩을 기획하고 진행하는 사람에게 중요한 역량은 무엇일까요? 실력이요? 실력은 결과로 나오는 것이지, 자질이나 요소는 아니죠.

　이 질문에 사람마다 다른 답을 하겠지만, 딱 한 가지만 꼽으라고 하면 저는 감각을 택하겠습니다. 감각은 여러 의미를 포괄합니다. 우선 미적 감각이 있겠고요. 현상을 바라보는 능력도 감각입니다. 사람들의 수요를 파악하는 것 또한 감각이라 이야기할 수 있죠. (수요를 파악한다고 수요대로 좇으라는 건 아닙니다.) 남들보다 빠른 계산 역시 감각입니다. (수치적인 의미만을 담고 있지는 않습니다.)

남들이 보지 못하는 것을 보고 남들과 다른 아이디어를 내는 것도 감각이지요. 위트나 센스라 불리는 것도 물론 감각이고요. 그래서 저는 브랜딩을 하는 사람에게 가장 필요한 것이 감각이라고 생각합니다. 문제는 이런 감각을 어떻게 키울 수 있는가 하는 것인데요. 감각이 중요하다는 건 알지만, 이에 대해서는 저도 명확한 답변을 드릴 수 없을 것 같네요.

사람마다 다른 답을 할 수 있겠지만
딱 한 가지만 꼽으라고 하면
저는 감각을 택하겠습니다.

고백

브랜딩을 하는 사람이라면 정말로 그 브랜드를 좋아해야 합니다. 그래야 진심을 담아 더 열심히 브랜드를 알릴 수 있습니다. 그런 사람은 큰 방향을 잡는 것 외에 브랜드가 소비자에게 보여지는 디테일까지 놓치지 않고 파고들기를 주저하지 않습니다. 또한 브랜드가 추구하는 기준에 미치지 못할 때 더 열정적으로 관계자들을 설득하고 어필할 수 있습니다. 그만큼 애정이 있기 때문입니다. 고백하건대 저 역시 제가 담당했던 모든 브랜드를 좋아하지는 못했습니다. 그래서 더욱더 이런 부분이 중요하다고 느끼는지도 모르겠습니다.

인터널
브랜딩

브랜딩의 방향이 외부 고객을 향하면 익스터널(external) 브랜딩, 내부 구성원들을 향하면 인터널(internal) 브랜딩이라 합니다. 우리가 보통 말하는 브랜딩은 익스터널 브랜딩이죠. 그렇다면 인터널 브랜딩은 왜 중요할까요? 답은 간단합니다. 구성원들 스스로 자기 브랜드를 좋아해야 남들이 우리 브랜드를 좋아하게 할 수 있으니까요. 내가 우리 브랜드를 좋아하지 않는데 어떻게 남들에게 우리 브랜드를 좋아하라고 말할 수 있겠어요. 그래서 일부 기업들은 인터널 브랜딩에도 많은 노력을 기울입니다.

인터널 브랜딩 하면 다들 떠올리는 것이 바로 복지예요. 휴가를 마음껏 쓸 수 있게 한다든지 점심, 저녁 식대를 무제한 제공한다든지, 출근 일수를 줄인다든지, 이따금 이벤트를 연다든지 말이죠. 모두 자기 회사와 브랜드를 좋아하게 만들 수 있는 접근이지만 안타깝게도 저는 이것 때문에 자기 회사를, 자신이 몸담고 있는 브랜드를 좋아한다는 사람은 별로 못 봤습니다. 복지가 좋으면 그냥 회사 다니기 좋은 거지, 그것이 반드시 브랜드에 대한 애정으로 치환되지는 않더라고요. 그보다는 대표와 회사의 원대한 비전에 공감하는 사람의 애정도가 더 높습니다. 그리고 주변에서 우리 브랜드를 좋아하는 사람이 많아질 때 자신도 브랜드에 자부심을 느끼는 모습을 더 많이 봤습니다. 이렇게 인터널 브랜딩은 익스터널 브랜딩과 자연스럽게 연결됩니다. 주변에 우리 브랜드의 팬이 많아지면 별생각 없이 일만 하던 구성원도 브랜드의 팬이 될 수 있다는 것이죠. 적어도 어디 가서 내가 속한 브랜드 자랑은 할 겁니다. 그러므로 인터널 브랜딩을 단순히 회사의 복지나 처우와 연결짓는 것은 그리 좋은 방식이 아니라 생각합니다. 회사에 대한 만족도와 브랜드에 대한 애정은 다른 차원입니다.

멋진 브랜드의
일원이 된다는 것

초기 브랜딩에 어떤 과정을 거쳤든, 그 결과 브랜드의 팬이 생기고 점점 늘어나면 그에 따라 실력 있고 열정적인 인력들이 함께 일하고자 문을 두드립니다. 이들이 다시 좋은 브랜드를 만드는 원동력이 되더라고요. 브랜딩의 선순환이죠. 정말 많이 경험했습니다. 브랜드의 힘은 높은 연봉이나 복지 등 제도적인 매력에 버금가거나 그 이상이라는 것을요. 사람들이 좋아하는 멋진 브랜드를 움직인다는 것은 모든 구성원에게 큰 자부심을 줍니다.

기업 브랜딩

지금껏 이야기했던 브랜딩과 기업 브랜딩의 차이는 무엇일까요? 바로 주체입니다. 일반적인 브랜딩이 우리 제품이나 서비스의 이름 즉 브랜드를 알리고 팬을 만드는 과정이라면, 기업 브랜딩은 제품이나 서비스를 만드는 기업을 알리고 그 기업에 긍정적인 기억과 관심을 갖게 하는 과정입니다. 하지만 제품과 그것을 만드는 사람은 무 자르듯 나눌 수 없으니, 두 브랜딩의 목적이 일부 겹치는 것도 사실입니다. 제품이 없으면 기업도 없고, 기업이 없으면 제품도 없으니까요.

기업 브랜딩을 별도로 하는 이유는 무엇일까요? 기업들은 무엇을 바라며 기업 브랜딩을 진행할까요? 몇 가지 이유가 있겠지만 전 크게 두 가지로 봅니다. 첫 번째는 서비스 혹은 제품 브랜딩의 보조(?) 역할을 할 수 있기 때문입니다. 우리 기업과 이곳에서 일하는 사람들이 이렇게나 실력 있고 열정적이라는 사실을 전달해 자연스럽게 그 기업의 제품이나 서비스에도 관심 갖게 하는 것이죠. 보통 기업 블로그를 통해 이런 활동을 합니다. 테크 혹은 IT 기업들은 기술 전문 블로그를 별도로 운영하며 자사의 이야기를 동종업계 사람들과 나누기도 하고 컨퍼런스를 개최하기도 하죠. 이 과정에서 자연스럽게 그들의 실력과 열정, 그것이 반영된 서비스를 알릴 수 있습니다. 예를 들어 핀테크 스타트업 토스에서 그들의 도전을 다룬 책을 내거나 다큐멘터리를 만든 것도 여기에 해당된다고 볼 수 있습니다.

기업 브랜딩을 진행하는 또 다른 이유는 자연스럽게 채용으로 이어지기 때문입니다. 요즘 좋은 인재를 구하려는 경쟁이 정말 치열하죠. 이직 또한 빈번하고요. 그래서 기업 자체의 호감도를 높여서 좋은 인재를 좀 더 쉽게(?) 채용하려는 목적이 있습니다. 좋은 인재는 제품과 서비스의 퀄리티와 직결됩니다. 특히 스타트업은 적은 인원으로 속도감 있게 일하는 특성상 우수한 인력을 확보하는 것이 여러모로 중요하기에 많은 스타트업이 초기부터 기업 브랜딩에 노력을 기울입니다. (물론 일부 대기업에서도 이런 목적으로 기업 브랜딩을 진행합니다. 예전에는 대기업들이 기업 이미지를 개선하기 위해 이런 방식이 아닌 기업 광고를 하기도 했고요.) 요즘에는 채용 목적의 기업 브랜딩을 '채용 브랜딩'이라 부르기도 합니다. 그럼에도 기업 브랜딩은 앞서 이야기한 인터널 브랜딩과는 조금 다릅니다. 기업 브랜딩은 대상이 외부 고객이고, 인터널 브랜딩은 내부 구성원들이 초점이니까요.

B2B 브랜딩

가끔 B2B(Business to Business) 기업의 브랜딩에 대한 질문을 받습니다. 개인이 아닌 기업이 고객인 경우죠. 대부분의 브랜딩이 B2C(Business to Consumer), 즉 일반 소비자에 맞춰져 있으니 충분히 궁금할 만한 지점이라 생각합니다.

사실 저도 B2B 측면에서 브랜딩을 진지하게 고민할 일은 별로 없었습니다. 하지만 고객이 기업인지 일반 소비자인지가 다를 뿐 브랜딩의 본질은 동일합니다. 기업 고객에 경쟁사와 차별화된 인상을 심어주어야 하죠. 우리만의 경쟁력을 만들고 다각도로 어필해야 합니다. 그것이 단순히 가격 경쟁력만은 아닐 테고요. 경쟁력을 어필하는 매체나 수단은 B2C와 다를 수 있지만, 그것을 접하는 사용자도 결국 일반 고객이라 생각하면 그리 다르지 않을 겁니다. 우리를 남다른 존재로 기억하게 될 대상은 결국 사람이니까요.

슬랙Slack이라는 업무용 메신저가 있습니다. 기업이 주요 고객이니 B2B 중심의 서비스입니다. 아마 스타트업에 종사한다면 잘 아실 텐데, 업무용 메신저는 많지만 그중에서도 슬랙은 남다른 이미지를 점유하고 있습니다. 바로 스타트업에서 많이 사용한다는 이미지죠. 즉 사용자들이 상대적으로 젊고, 업무속도와 효율화에 최적화된 메신저라는 느낌을 줍니다. 슬랙이 어떻게 이런 이미지를 만들었는지 자세한 과정은 모르지만, 어쨌거나 슬랙을 사용한다는 것은 그만큼 젊고 효율적이며 열정적인 기업이라는 의미와도 통합니다. 비슷한 예로 국내 모 철강회사(철강은 대표적인 B2B 비즈니스죠)가 젊은 모델을 중점적으로 기용해 기업 광고를 하고 갤러리를 운영하며 철과 관련된 전시회를 여는 것도 차별화된 이미지를 주려는 전략일 겁니다.

TOP OF
MIND

얼마 전 기계를 이용해 저의 자세를 정밀 점검했습니다. 골반은 틀어지고 몸은 앞으로 쏠리고 엉망이더군요. 점검해준 분이 제게 이런 말을 했습니다. 자세를 교정하려면 도수치료나 필라테스도 도움이 되지만, 가장 중요한 것은 걷는 습관을 바꾸는 것이라고요. 그때부터 의식적으로 노력하는데, 쉽게 될 리 없습니다. 십수 년 이상 그렇게 걸어온 저의 습관 때문이겠죠. 정말 정신 똑바로 차리고 의식하지 않으면 무의식중에 예전 습관으로 돌아가 버립니다. 습관이 이렇게 무섭습니다.

　브랜드도 마찬가지 아닐까요. 내 머릿속에 어떤 브랜드에 대한 이미지가 한번 각인되면 쉽사리 바뀌지 않습니다. 물론 각인이 쉽지는 않죠. 각인되기까지 수많은 시도가 있었고 그 역시 몇 년이 걸릴 수 있지만, 한번 그 이미지가 고정되면 무의식중에 그 브랜드를 찾게 되죠. 그래서 브랜딩은 장기적인 전략입니다. 오랜 시간이 필요해요. 그것이 일단 누군가의 머릿속에서 작동할 즈음이면 타사에서 진행하는 그 어떤 유혹(?)이나 마케팅 활동도 그 머릿속에 쉽게 들어갈 수 없습니다. 이미 우리 브랜드가 자리잡고 있으니까요. 이것을 TOM, 'Top Of Mind'라 합니다. 이쯤 되면 이미 그 사람은 우리 브랜드의 '고정 팬'이 된 것이겠죠?

스며들다

오래전 이야기지만 저는 담배를 피웠습니다. 당시 피운 담배는 말보로였습니다. 지금처럼 전자담배가 나오기 전이죠. 솔직히 말보로가 다른 담배보다 잘 맞았는지는(더 맛(?)있었는지는) 장담하기 어렵습니다. 그래도 그냥 피웠어요. 말보로 피우는 내 모습이 다른 담배를 피우는 모습보다 더 멋져 보였거든요. 아마도 말보로가 꾸준히 만들어온 그들만의 브랜드 이미지 때문일 겁니다. 진정한 상남자의 담배 같은. (이렇게 쓰고 보니 너무 옛날 사람 같네요.) 그렇게 말보로를 피우다 보니 그 맛에 점점 익숙해졌습니다. 한번 익숙해지니 다른 담배를 잠깐 피울 수는 있어도 갈아타기는 어렵더라고요.

특정 브랜드에 '스며든다'는 표현을 쓰고 싶어 개인적 일화를 꺼내보았습니다. 어떤 이유에서든 한 브랜드를 꾸준히 쓰다 보면 그 브랜드에 서서히 스며듭니다. 척 봐도 더 좋은 것이나 새로운 것이 나와도, 익숙해진 것을 쉽사리 바꾸지는 않죠. 이미 그 브랜드에 깊숙이 스며든 겁니다. 개인적으로 제가 가방을 살 때면 우선 프라이탁부터 보는 것도, 이미 프라이탁이라는 브랜드에 깊이 스며들었기 때문이겠죠.

그래서 무엇이든 그것을 사용해야 하는 이유를 만들어야 합니다. 기능적 이유든 감성적 이유든 말이죠.

에비앙과
페리에

홀륭한 브랜딩 사례로 언급되는 해외 브랜드들이 많지만, 그중에서도 이들 생수와 탄산수 브랜드가 만들어온 브랜드 이미지는 참 대단하다는 생각입니다. 일반적인 제품이라면 기능이나 디자인 면에서 다른 점을 찾기 쉽지만, 우리가 매일 마시는 물은 어떤가요? 솔직히 '다 똑같은 물'이라는 인식이 강하죠. 물이라는 것이 무색무취인 데다 일반인이 알아차릴 만큼 맛의 차이가 확연한 것도 아니고요. 어떻게 이런 제품을 가지고 프리미엄 이미지를 만들 수 있었을까요?

에비앙은 알프스 빙하가 녹은 물을 사용하고 페리에는 프랑스 남부 지방의 천연 광천수라고 하는데, 이것이 기능적 혹은 감성적 핵심경험으로 작용했을까요? 모를 일입니다. 그러나 생수의 원천만 따지면 그들만큼 깨끗하고 독특한 장소도 많을 텐데요. 훨씬 비싼 생수와 탄산수도 존재하고요. 그럼에도 우리는 고급 생수나 탄산수 하면 우선 에비앙과 페리에를 떠올립니다. 그만큼 그들이 오랜 시간 주력해온 브랜딩 전략과 활동이 있을 텐데, 그 사례를 책이나 다른 곳에서 많이 접할 수 없더라고요. 너무 궁금합니다.

성공사례에 대한
생각

크든 작든 일단 성공사례를 만드세요. 그러면 업계 전문가라 불리는 분들, 업계 활동에 관심 많은 분들이 여러분의 브랜드가 왜 성공했는지 혹은 왜 인기 있는지 분석하는 글을 쓸 겁니다. 그런 경로로도 브랜드는 퍼져나갑니다. 역으로 그런 글들을 내부에서 작성해 소셜미디어로 전파하는 것도 좋은 브랜딩 방법입니다. 사람들은 일단 무엇이 성공하면 왜 성공했는지 궁금해합니다. 레퍼런스가 필요하니까요. 설령 해당 브랜드를 몰랐다 해도 글을 읽으며 '이런 브랜드가 이런 방식으로 이런 결과를 만들었구나' 하고 알게 됩니다. 그러면 새삼 그 브랜드가 남달라 보이고 또 관심이 가겠죠. 우리를 알리는 일은 꼭 거창한 방식이 아니어도 됩니다.

무제

오래전 일입니다. 당시 몸담았던 회사에서 엄청난 브랜딩 이벤트를 준비했습니다. 어떤 이벤트인지 구체적으로 말씀드리지는 않겠지만 기획도 훌륭했고(무척이나 차별화된 이벤트였죠), 준비도 꼼꼼했고(정말 디테일 하나까지도 놓치지 않았습니다), 그 외에도 담당자들이 열과 성을 다해 준비했습니다. 드디어 이벤트를 론칭했습니다. 시작하자마자 예상을 뛰어넘는 인원이 브랜드 홈페이지를 방문했고 그에 따른 바이럴 또한 엄청났습니다. 순식간에 이곳저곳으로 퍼져나갔죠. 문제는 여기서 터졌습니다. 너무 많은 사람이 웹사이트에 몰리는 바람에 서버가 감당하지 못한 것입니다. 결국 서버가 다운돼 이벤트를 계속할 수 없는 지경이 되었습니다. 폭발적인 반응은 한순간에 방문자들의 불만으로 돌변했고, 결국 회사는 사과문을 게재하고 이벤트를 종료했습니다. 많이 속상했지만 누구를 원망하지는 않았습니다. 단지 엄청난 기회를 눈앞에서 놓쳤다는 것이 너무 아쉬웠죠.

멋진 기획도 디테일한 준비도 그에 따른 엄청난 반응도 결국 환경이 받쳐주지 않으면 아무 소용이 없음을 뼈저리게 체감했습니다. 소비자에게 결코 좋은 인상을 줄 수 없죠. 이는 곧바로 디브랜딩으로 귀결됩니다. 브랜딩을 준비한다면 이것으로 파생될 모든 가능성을 체크하고 꼼꼼히 점검해야 합니다. 결국 담당자들뿐 아니라 모든 구성원이 함께 대비해야 하는 것이죠. 개인적으로 교훈을 주었던 사건(?)이었습니다.

제품에 대한
만족도는 기본

브랜딩과 관련된 일을 하면서 가끔 힘이 빠질 때가 있습니다. 어떤 이유에서든 고객은 우리 브랜드의 서비스를 이용할 텐데, 특정 기능이 에러가 난다든지 전반적인 서비스가 불편하게 느껴질 때가 있어요. (제가 주로 IT와 커머스 분야에서 일해서 이 점에 더 민감한지도 모르겠습니다만.) 브랜딩의 목적은 팬을 만드는 것이라고 말씀드렸는데, 정작 서비스에 실망한 고객들을 어떻게 팬으로 만들 수 있겠어요. 아무리 열심히 브랜딩을 한다 해도 제품에 대한 만족도가 낮으면 밑 빠진 독에 물을 붓는 것과 같습니다. 그만큼 브랜딩하는 사람의 입장에서는 허탈감이 커지고요. 반대로 제품이 차별화되고 서비스에서 느끼는 만족도가 높다면, 브랜드를 많이 알릴수록 사람들이 더 자주 사용할 테고 좋은 인상을 갖게 될 것입니다. 무엇이 되었든 제품에 대한 만족도는 기본입니다.

떠난
고객

좋은 브랜드는 좋은 마케팅만으로는 결코 만들어질 수 없습니다. 제품이나 서비스가 만족스럽지 못하면 결국 사용자는 떠나기 마련이니까요. 떠난 고객을 붙잡으려 그 어떤 마케팅을 해도 이미 부정적인 경험을 한 사람들 대부분은 돌아오지 않을 겁니다. 이 때문에라도 브랜딩을 마케팅의 일부라 여기는 것은 미시적 접근입니다. 오히려 브랜딩은 모든 소비자 접점의 경험을 고려하는 거시적 안목으로 설계하는 것에 가깝지 않을까요.

이상과
현실

얼마 전 어느 브랜드의 관계자를 만났습니다. 자신이 속한 브랜드의 원대한 비전을 더 많이 알리고 싶다는 것이 그분의 포부이자 고민이었습니다. 이를 위해 자사 제품을 알리고 싶다고 했죠. 다양한 이야기를 나눴지만, 그 과정에서 의문이 생겼습니다. 그분의 원대한 비전에 비해 그것을 보여줄 제품이 아직은 여러모로 부족해 보였거든요. 제품 자체는 훌륭했지만, 아무리 생각해도 비전과는 매칭이 되지 않았습니다. 그래서 다시 말씀드렸습니다. 비전 중심으로 브랜딩하는 것은 좋지만 이를 보여줄 제품의 라인업이나 비즈니스 모델이 우선 갖춰져야 할 것 같다고요. 실체가 없이 비전만 알리는 것은 결국 허공 속의 외침일 뿐, 소비자는 공감할 수 없을 거라고 말이죠.

　많은 분들이 이상적인 브랜딩을 꿈꿉니다. 하지만 현실은 이상만큼 준비되지 않은 브랜드를 종종 봅니다. 그럴 때는 브랜딩 전문가를 영입하기보다 현실에 먼저 집중하는 쪽이 맞지 않을까 싶어요. 현실에서 보여줄 소재가 있어야 하고, 어떤 방식으로든 알리는 것은 그다음입니다. 그것을 어떻게 고객에게 알리고 팬을 만들어야 할지는 전문가의 도움을 받으면 되죠. 그분께는 이렇게 말씀드렸습니다. 비전을 꼭 알리고 싶다면, 지금 단계에서는 제품에 대한 브랜딩보다는 기업 메시지를 잘 보여주는 데 집중하는 것이 좋겠다고 말이죠. 외부인사 영입 없이 내부 인력으로 진행할 수 있을 것이고, 시간이나 비용 면에서 그게 더 효율적인 것 같다고 말입니다.

이소룡의
명언

"나는 한 번에 발차기를 만 번 연습한 사람은 두려워하지 않는다. 하지만 하나의 발차기를 만 번 연습한 사람은 두렵다."

이소룡이 한 말이라 하죠. 맞습니다. 무엇이든 한 가지에 몰두해야 합니다. 사람이든 기업이든 간에요. 브랜딩도 마찬가지 아닐까요. 브랜드가 추구하는 하나의 방향으로 꾸준히, 그리고 끊임없이 나아가야 합니다. 실패도 있고 좌절도 있겠지만 브랜딩은 그 하나에 몰두해야 합니다. 그래야 마침내 사람의 마음에 각인되고 경쟁자와 나를 명확히 구분지을 수 있을 겁니다.

04.   우리가 기억해야 할 것

평범함을
알면

"평범함을 알면 모든 것을 만들 수 있는 가능성이 높아진다."(《센스의 재발견》ⓒ 미즈노 마나부, 하루)

　미즈노 마나부의《센스의 재발견》이라는 책을 읽다 공감한 문장입니다. 앞에서 브랜딩에서 중요한 요소 중 하나는 다름, 즉 차별화라고 이야기했습니다. 그렇다면 다름을 어떻게 판단할 수 있을까요? 가만히 보면 이 단어는 상대성을 띠고 있습니다. '무엇'과 비교해 다른지가 중요한 것이죠. 저는 그 '무엇'이란《센스의 재발견》에서 발견한 문장처럼 평범하고 일상적인 것을 가리킨다고 생각합니다. 가장 대중적이라는 표현이 더 적절하겠네요. 즉 지금 대중의 눈높이를 알아야 한다는 것이죠. 브랜딩을 하는 사람이라면,

요즘 대중이 소비하는 것에 어느 정도 민감해야 한다고 생각합니다. 그래야 그와 다른 것을 뽑아낼 수 있을 테니까요. 이 역시 사람들에게 더 강렬한 인상을 주고 더 잘 기억되기 위함입니다. 남다른 브랜드를 만들려면, 대중의 눈높이를 파악하고 항상 그보다 높은 기준을 지향해야 합니다.

좋은 브랜딩은 단지
겉모습이 아닌
브랜드의 지향점을
행동으로 꾸준히
보여줌으로써
만들어집니다.

간극
좁히기

브랜드의 이미지나 브랜드가 갖고자 하는 개성, 대표성은 결국 소비자에 의해 만들어집니다. 그들이 브랜드의 사용자니까요. 그리고 소비자가 가진 브랜드 이미지는 조금씩 다를 수 있습니다. 그러므로 브랜딩은 우리가 추구하는 브랜드에 대한 이미지와 소비자의 머릿속 이미지 사이의 간극을 좁히거나 바꾸는 일이라고도 할 수 있습니다.

보이는 것과
보이지 않는 것

얼마 전 명품 중의 명품인 에르메스가 몇몇 제품을 온라인으로 판매했는데 순식간에 솔드아웃되었다고 합니다. 더 재미있는 사실은 그 제품들이 리셀러 마켓에서 더 비싼 값에 팔린다는 겁니다. 갖고 싶어도 가질 수 없으니 가치가 더 올라간 것이죠. 사람들은 원하는 에르메스 제품을 갖기 위해 엄청난 금액을 지불하고 짧게는 몇 개월, 길게는 몇 년도 기다립니다. 신기하죠? 한편으로는 이해되지 않기도 하고요. 이것이 우리가 눈으로 보는 현상입니다.

이런 현상을 어떻게 '설명'할 수 있을까요? 왜 사람들이 그렇게 열광할까요? 분명 보이지 않는 '무언가'가 있을 겁니다. 그렇다면 그것은 무엇일까요? 퀄리티? 아니죠. 그건 눈에 보이잖아요. 그보다는 그 브랜드의 제품을 소유한다는 것이 사람들에게 큰 의미로 다가오기 때문 아닐까요. 이것이 바로 브랜드가 가진 힘인 것 같습니다. 그 힘은 특정 요인이 아니라 수많은 감정적인 무언가가 과거에서부터 현재까지 사람들의 머릿속에 꾸준히 쌓여서 만들어졌을 겁니다. 브랜딩 효과를 단기간에 측정할 수 없는 게 이런 이유 때문이겠죠. 보이지 않는 것은 측정도 쉽지 않으니까요. 많은 기업이 브랜딩에 선뜻 투자하지 못하고 주저하는 이유이기도 합니다. 그래서 브랜딩은 잘하는 브랜드만 늘 잘하는 것인지도 모르겠습니다.

승차감과
하차감

자동차에서 승차감이란 말은 들어봤는데, '하차감'이라는 말도 들어보셨나요? 승차감은 제품의 퀄리티를 뜻하죠. 주행시 자동차 내부가 조용하고 핸들링이 부드럽고 시트가 편안하고 인테리어가 고급스럽고… 이 모두가 승차감을 만듭니다. 그럼 하차감은 무엇일까요? 차에서 내릴 때 나의 모습과 주위의 시선을 가리킵니다. 즉 제품의 퀄리티만이 아니라 브랜드 이미지가 하차감을 좌우합니다. 승차감은 솔직히 국산 브랜드든 해외 브랜드든 크게 차이 난다고 생각지 않습니다. 국산차 기능도 이제는 외제차에 밀리지 않거든요. 하지만 사람들은 의외로 이 하차감 때문에 많은 돈을 지불하고 특정 브랜드를 구매합니다. 포르쉐를 타면 젊은 부자라는 인식,

볼보를 타면 북유럽 감성을 좋아하고 가족의 안전을 중시하는 사람이라는 인식 같은 거요. 이런 인식을 만드는 것이 브랜딩입니다. 자동차뿐일까요, 사람들이 애플과 파타고니아를 구매하는 이유도 어찌 보면 크게 다르지 않을 겁니다.

과정을
빛나는 결과로

브랜딩을 할 때 반드시 과정이 의미 있어야 할까요? 과정이 어떻든 결과만 좋으면 되는 것 아닌가요? 충분히 생각해봄 직한 질문입니다. 물론입니다, 결과가 좋아야죠. 하지만 브랜딩을 한다면 과정마저 결과로 만들 수 있어야 합니다. 무언가를 진행했을 때 최종적인 아웃풋만이 결과가 아닙니다. 그 과정에서 의미 있는 시도들이 이루어졌다면, 그것이 우리 브랜드가 지향하는 모습과 경험을 담고 있다면, 결과가 원하는 반응에 미치지 못했더라도 이 과정 또한 빛나게 해야 합니다. 어떤 식이든 좋습니다. 치열하게 고민하고 준비했던 과정을 외부에 알리세요. 비록 목표한 아웃풋에 도달하지 못했더라도 그 노력에 사람들이 박수를 보내도록. 그 과정이 다른 무언가를 준비하는 누군가에게 귀감이 되도록 말이죠.

내부에서 보기에 성공했든 아니든, 하나의 브랜딩 활동이 사람들에게 전달하고자 하는 무언가는 변함없이 동일할 겁니다. 그런 측면에서 우리가 하는 모든 일을 브랜딩과 연결지을 수 있습니다. 실패의 과정마저 말이죠. 그래서 중요한 것은 성공 여부를 떠나 정확한 방향입니다.

판타지를
심어주는 것

"영화이론가 수잔 헤이워드의 《영화 사전》에서는 판타지를 이렇게 정의하고 있다. '판타지는 우리 무의식의 표현이다. 따라서 그것은 우리가 억압하는 영역, 즉 무의식의 영역과 꿈의 세계를 가장 쉽게 반영한다.' 결국 판타지란 실재하지 않지만 우리의 꿈과 무의식에 그럴듯하게 자리잡고 있는 세계다." (출처 : 네이버 지식백과)

어찌 보면 브랜딩은 소비자에게 판타지를 심어주는 것과 비슷합니다. 이 브랜드를 쓰는 내가 그로 말미암아 남들과 다르게 보이고, 남들에게 비치는 내 모습을 상상하게 하는 판타지 말입니다. 사람들이 명품을 사는 이유도 결국 판타지 때문인지 모르겠습니다. 우리 브랜드가 소비자에게 어떤 판타지를 심어줄 수 있을지 한

번 고민해보시기 바랍니다. 우리 제품이나 서비스를 사용할 때, 아니 우리 브랜드를 바라보면서 사람들이 어떤 판타지를 느꼈으면 하는지 말이죠. 그 판타지가 떠올랐다면 어떻게 심어줄지도 생각해보세요. 그것이 곧 브랜딩 전략이라 할 수 있을 겁니다. 그러고 보니 앞서 이야기한 가심비나 하차감도 모두 여기에 해당하는 말 같네요.

본질에 집중하되
변화를 두려워 마세요.
그래야 무엇이든 만들어집니다.
그 무엇은 본질에
집중해야 찾을 수 있고,
만들어짐은 변화를
수용하는 것에서 시작합니다.

쓰고 보니 저에게
가장 필요한 말이네요.

CS(Customer Service)보다는
CX(Customer eXperience)

"고객에게 쓴소리와 질책을 듣고 그것을 해결하는 곳이 고객상담실이라고 생각하면 큰 착각입니다. 우리 제품이 고객과 사회에 본질적으로 유용한지를 생각하는 것이 고객상담실에서 가장 중요한 일입니다." 《MUJI 무인양품의 생각과 말》 ⓒ 양품계획, 웅진지식하우스)

예전에 읽은 《MUJI 무인양품의 생각과 말》에 나오는 글입니다. 고객상담실, CS가 얼마나 중요한 채널인지를 생각해볼 수 있는 문장이었습니다. 실제 브랜드가 고객과 직접 커뮤니케이션하는 유일한 채널일 수 있으니까요. 하지만 대부분의 기업은 여기에 큰 비중을 두지 않습니다. 단지 고객응대의 관점에서 바라볼 뿐이죠.

이쯤에서 유한락스 이야기를 다시 하지 않을 수 없네요. 성실하고 친절한 고객상담이 화제가 되어 당시 담당자가 〈유 퀴즈 온 더 블럭〉 프로그램에 출연할 정도였죠. 개인적으로도 잘 아는 친구인데 한번은 이런 이야기를 해주더군요.

"잘 운영되는 CS는 브랜드 입장에서 보물창고일 수 있습니다. 브랜드의 강점, 약점, 소비자 인식 등 다양한 관점을 이곳을 통해서 확인할 수 있으니까요. 우리 회사는 유한락스의 브랜드 이미지가 개선되는 과정에서 전략적인 CS가 가장 큰 역할을 했다고 보고 있어요. 제가 직접 경험해보니 CS 역량은 브랜드의 신뢰도와 밀접하게 연결되더라고요."

그런 의미에서 고객센터는 앞서 언급한 무인양품의 문장처럼, 고객의 불편함을 해결하는 곳이 아니라 고객이 우리 브랜드를 가장 가까이서 경험할 수 있는 접점이라고 봐야 할 겁니다. 저도 자꾸 놓치는 부분인데 브랜딩하는 사람이라면 유한락스 사례처럼 브랜딩의 중요한 요소로 늘 신경써야 합니다.

뾰족하고
선명하게

"모든 콘텐츠가 디지털로 치환 가능한 이 시대, 잡지는 말 그대로 '잡다한 것을 담아내는 책'이 더이상 아니다. 만약 이 상태에 머물러 있다면 예고된 침몰이나 다름없다. 취향이 다분화되는 독자들의 선택을 받을 수 있도록 더 뾰족해지고, 더 선명해져야 한다."

얼마 전 읽었던 패스트리테일링그룹 크리에이티브 디렉터 키노시타 타카히로(전 〈뽀빠이POPEYE〉 매거진 편집장)의 〈톱클래스〉 인터뷰 기사 중 인상적이었던 내용입니다. 그렇습니다. 어떤 기획이든 더 뾰족하고 선명해야 합니다. 브랜딩도 마찬가지입니다.

뾰족한 못과
뭉툭한 못

여기 끝이 뭉툭한 못과 뾰족한 못이 있습니다. 같은 힘으로 망치질을 한다면 어느 쪽 못이 더 잘 들어갈까요? 당연히 뾰족한 못이죠. 이 당연한 사실이 브랜딩에 주는 시사점은 두 가지입니다. 기획이 뾰족하고 날카로워야 우리가 전달하려는 대상에게 원하는 것을 더 잘 전달할 수 있고요. 같은 비용을 들여 이를 집행하더라도 뭉툭한 쪽보다 뾰족한 쪽이 효과가 훨씬 크다는 것이죠.

하지만 우리는 여러 가지 이유로 기획을 자꾸 둥글게 만들려고 할 때가 있습니다. 이 사람 의견도 반영하고 저 사람 의견도 조금 녹이고, 최대한 많은 사람이 만족할 만한 기획을 도모할 때인데요. 그렇게 해서 리스크는 줄어들지 모릅니다. 하지만 그 바람에 효과가 반감되거나, 더 많은 비용과 노력을 더해야 원하는 대상의 인식에 가닿을 가능성도 높아지지 않을까요? 어찌 보면 가장 뾰족한 기획이야말로 비용 대비 효율이 좋은 기획일 겁니다.

욕심

같은 맥락에서, 가장 잘못된 기획은 모두를 만족시키려는 기획입니다. 이것만큼 두루뭉술하고 차별성 없는 전략도 없어요. 모두를 만족시키려 하면 결국 아무도 만족시킬 수 없거든요. 모든 사람이 좋아하는 사람은 세상에 존재하지 않듯이, 모두가 좋아하는 브랜드를 만들겠다는 것은 기업의 욕심일 뿐입니다.

아예
새로운 것

"매력 있는 것을 만들려면 기존의 것에 매달리기보다는 아예 새로
운 것을 만든다는 마음가짐을 갖고 시도해야 합니다."(《좋은 감각
은 필요합니다》ⓒ 마쓰우라 야타로, 인디고)

마쓰우라 야타로가 쓴 《좋은 감각은 필요합니다》라는 책에서
본 인상적인 문장입니다. 그렇습니다. 누군가에게 임팩트와 신선
함을 주려면 아예 새롭게 만들겠다는 마음가짐이 필요합니다. 기
존의 것에 집착하면 결국 그것을 개선하는 데 그치겠죠. 물론 개
선도 필요하고 그 역시 꾸준히 해야겠지만 그 안에서 새로운 매
력을 발산하기란 쉽지 않습니다. 브랜딩도 비슷하다고 생각합니
다. 기존의 브랜드를 조금씩 개선하는 것은 필요하지만 그 안에서

큰 매력도를 기대하기는 어렵죠. 사람들에게 강한 인상을 심어주려면, 처음부터 다시 새롭게 생각해볼 필요가 있습니다. 이런 연장선상에서 보면 새로운 시각과 경험을 가진 외부 사람의 의견을 들어보거나 그런 분들을 영입하는 것도 하나의 방법이 될 수 있지 않을까요.

레퍼런스

무언가를 기획할 때 무조건 동종업계의 레퍼런스부터 찾는 분들이 있습니다. 그럴 수 있지만, 이런 생각도 듭니다. 남들이 잘 만든 결과물을 참고하는 게 브랜딩에 얼마나 도움이 될까요. 제 생각은 부정적입니다. 그보다는 관점을 바꿔 내가 기획한 무언가가 남의 레퍼런스가 되었으면 하는 마음을 먼저 가져보면 어떨까요. 그러려면 내가 하는 브랜딩은 크든 작든 새로워야 해요. 하늘 아래 새로운 것이 없다고는 하나, 그래도 내가 진행하는 브랜딩에서 기존 무언가의 냄새가 풀풀 나서는 안 되겠죠. 그래서는 주목받을 수 없어요. 레퍼런스는 말 그대로 레퍼런스, 참고자료로만 활용하는 것이 좋습니다.

브랜딩 보고하다
답답해진 썰

다음 해 브랜딩 캠페인 보고를 하는데 한 분이 물어보시더라고요. "지금 기획하신 캠페인이 다른 브랜드에서 하는 어떤 활동과 비슷하다고 생각하면 될까요?" 내가 이것을 어떤 사례로 이해하면 되는지 묻는 취지는 잘 알겠지만, 저는 답답하더군요. 앞에서도 말했지만 다른 브랜드에서 이와 비슷한 무엇을 했는지, 그 결과가 어땠는지를 참고하는 게 중요하다고 생각지 않거든요. 그보다 중요한 것은 지금 우리가 이 시점에 왜 이것을 해야 하며, 이것이 얼마나 새로운 방식인가 하는 것인데 말이죠. 이대로 이야기했고, 보고는 잘 마쳤습니다.

크리에이티브한
기획의 비결

언젠가 사석에서 만난 분이 크리에이티브한 기획의 비결이 무엇인지 물었습니다. 특별한 비결이 따로 있겠어요. 그저 낮이든 밤이든 생각하고 또 생각하는 거죠. 걸으면서도 생각, 샤워하면서도 생각, 커피 마시면서도 생각. 그렇게 방법을 찾아서 기획해보고 그중 일부의 결과가 다행히 좋았던 거죠. 그러니 먼저 생각을 많이 해보세요.

다양한 경험은
중요합니다

"젊은 사람들이 더 창의적이다." 이런 이야기를 많이 들어보셨을 겁니다. 어떤 대기업에서 젊은 사원들을 중심으로 TF를 구성했다는 기사도 떠오릅니다. 물론 젊을수록 더 창의적이라 생각해서일 겁니다. 하지만 저는 젊음과 크리에이티브가 비례한다고 생각하지는 않습니다. 좋은 감각은 오히려 다양한 경험에서 나오더라고요. 여기서의 경험은 업무적 경험만이 아니라 평소 직간접적으로 보고 듣고 느끼는 모든 것들을 의미합니다. 그런 것들이 단초가 되어 업무 경험과 결합할 때 실현 가능한 크리에이티브가 나올 확률이 높아지더군요. 뭐가 되었든 다양한 경험을 해보는 것이 중요합니다.

좋은 기획은
사무실에서 나오지
않는다

말 그대로입니다. 좋은 기획, 다시 말해 남다르고 크리에이티브한 기획은 책상 앞에서는 나오지 않더라고요. 되도록 밖으로 나가세요. 이것저것 많이 보세요. 다양한 책과 잡지를 읽으세요. 그것이 힘들면 무작정 걷기라도 하세요. (그것도 어렵다면 핀터레스트를 열고 들여다보세요.) 단, 조건이 있습니다. 내가 해결해야 하는 혹은 만들어야 하는 브랜딩 어젠다는 늘 머릿속 어딘가에 담아두어야 합니다. 그래야 나의 경험, 나의 사색, 내가 보고 듣고 느낀 것과 그 어젠다가 만나 새로운 무언가를 만들어낼 확률이 올라갑니다. 저는 그렇더라고요.

핀터레스트

저는 주로 잡지와 핀터레스트 앱에서 영감을 많이 얻습니다. 요즘에는 아무래도 핀터레스트를 더 자주 이용하는데요. 핀터레스트의 추천 알고리즘은 대단해서 제가 관심 있는 이미지들을 저장하면, 그와 관련된 이미지들을 엄청나게 보여줘요. 이런 시각적 자료들을 보다 보면 브랜딩에 대한 컨셉도 떠오르고 이것들을 어떤 방식으로 구현해보면 좋겠다는 생각이 하나둘 구체화되기 시작합니다. 물론 그것을 현실화하는 것은 또 다른 이야기지만요. 제 상상속에는 여러 브랜드가 둥둥 떠다니는데, 그 또한 핀터레스트에서 영감을 얻은 것들이 꽤 있습니다. 그것이 무엇인지는 물론 비밀입니다.

참, 하나 더 말씀드리면 그런 시각적 자료들이 많은 공간에 가보는 것도 추천합니다. 최근에 가본 공간 중 가장 좋았던 곳은 이태원에 있는 현대카드 아트 라이브러리였습니다.

일단 이 씬에서
회자되는 것이
중요합니다

물론 우리 브랜드를 알릴 대상은 명확할수록 좋습니다. 대부분 일반 고객을 타깃으로 하는데요. 하지만 저는 그 전에 브랜딩이나 마케팅 업계에서 먼저 회자되는 것을 첫 번째 목표로 잡을 때가 종종 있습니다. 마케터나 디자이너, 서비스 기획자, 조금 더 넓혀보면 스타트업 종사자들에게 말이죠. 이들은 기본적으로 타사의 마케팅이나 브랜딩 활동에 관심이 많습니다. 이들에게 우리 브랜드가 회자되면 일반인들에게도 회자될 기회가 그만큼 더 생깁니다. 그러니 이들의 입을 통해 우리 브랜드의 활동이 퍼져나가도록 해보시는 것도 브랜딩의 좋은 팁이 될 수 있습니다.

노포가 대단해 보이는
이유

개인적 취향이긴 합니다만, 지인들과 술 한잔할 때는 요즘 뜨는 핫플레이스보다는 허름한 노포를 선호합니다. 자리는 비좁고 감각적인 인테리어 같은 것은 기대해서도 안 되고 그리 쾌적하지도 않지만 노포만의 포스(?)는 확실히 존재하죠. 그 안에선 이야기가 끊임없이 오가고 술도 술술 잘 들어갑니다. 물론 맛도 좋고요.

게다가 수십 년 동안 한 자리에서 비즈니스를 유지한다는 게 얼마나 어려운가요. 그래서 이런 노포가 더 대단해 보입니다. 요즘 뜨는 상권의 중심에 있지 않아도, 시각적으로 멋진 무언가가 없어도, 결국 좋은 경험을 주는 제품(서비스)과 그것을 꾸준히 애용하는 팬층, 이 두 가지만 확실하면 브랜드는 장수합니다.

동네
라멘집에서

언젠가 동네 라멘집에서 점심을 먹었는데, 음식보다는 테이블마다 비치된 머리끈 통이 더 기억에 남았습니다. 머리가 긴 손님들이 라멘을 먹을 때 불편할 수 있으니 편히 먹을 수 있도록 머리끈을 비치해둔 것이죠. 사실 손님들이 음식 먹는 모습을 유심히 관찰한다면 충분히 발견할 수 있는 포인트지만, 그 후로 머리끈을 제공하는 식당을 본 기억은 없는 것 같거든요. 머리끈 통 하나가 그 집의 인상을 바꿔주었습니다. 좋은 브랜드 경험입니다. 물론 라멘 맛도 훌륭했습니다.

경험의
도구

생필품 외에 우리가 특정 제품을 구매하는 이유는, 제품의 용도보다는 특별한 경험을 위한 도구로 택할 때가 더 많을 겁니다. 수영복만 해도 단지 수영할 때 입기 위해서라기보다는 휴양지에서 유유히 릴렉스하는 경험에 필요한 도구로 구매하는 거겠죠. 저녁에 혼자 맥주 한잔하며 음악을 들을 때 이왕이면 귀호강을 시켜주는 스피커가 필요하다고 느끼는 것도 마찬가지고요. 그래서 여름철 커머스에서는 수영복 기획전처럼 상품 자체를 제안하는 것도 필요하겠지만(이미 너무 흔한 방식이기도 합니다), 한편으로는 특별함을 줄 수 있는 경험을 제안하고 그 경험에 꼭 필요한 상품을 추천하는 것도 좋은 제안 방식이 되리라 생각합니다.

회사 앞
샌드위치 가게

예전 회사 앞에 작은 샌드위치 가게가 하나 있었습니다. 가끔 음식을 테이크아웃하러 가곤 했죠. 지금도 기억나는 건 사장님이 제 이름과 평소 주문하는 메뉴를 기억해주시고, 몇 번 주문했지만 늘 다 팔려서 먹지 못했던 메뉴를 언제 다시 올지 모를 저를 위해 남겨두기도 하셨다는 겁니다. 자연히 저는 이곳을 더 애용했죠.

단순한 친절을 넘어 고객의 이름을 기억하고 관심을 기울이는 것은, 브랜드의 관계 형성을 넘어 매출에도 영향을 줄 수 있음을 이곳에서 경험했습니다. 브랜딩과 매출을 두고 고민하는 분들이 많지만, 생각해보면 브랜딩과 매출은 어떤 면에서는 직접적으로 연결됩니다. 지금도 가끔 근처를 지날 때면 그 사장님이 생각납니다.

스타벅스에서
겪은 일

예전에 스타벅스 매장에서 결제 후 직원분에게 "영수증은 버려주세요"라고 했더니 개인정보가 있어서 본인은 버릴 수 없다는 답변을 들었습니다. 처음에는 다른 곳들처럼 그냥 알아서 버려주면 안되나 싶었지만, 다시 곰곰이 생각해보니 그분의 말이 옳았습니다. 그것은 나의 개인정보이고, 그것을 내가 아닌 남이 파기하는 것은 옳지 않죠. 이는 분명 개인의 판단이 아니라 스타벅스의 고객응대 매뉴얼에서 나왔을 겁니다. 그만큼 고객의 개인정보까지 신경쓴다고 생각하니 그날은 스타벅스가 조금 멋져 보였습니다. 스타벅스에 대한 저의 팬심이 한 단계 상승한 계기가 되기도 했고요. 매장에서 진동벨을 사용하지 않고 바리스타가 직접 고객의 별칭을 부르는 것도 스타벅스의 차별화 전략이라던데, 이 역시 그것의 연장선인가 하는 생각도 들었습니다. 아주 작은 배려 하나가 고객에게 큰 무언가를 만들 수 있다는 건, 브랜딩을 하는 사람이라면 반드시 기억해야 하는 포인트 아닐까 합니다. 감동은 예상 못한 디테일에서 오는 법이니까요.

무엇이든 그것이 안 되는 이유를
찾으려면 열 개를 못 찾을까요.

그럼에도 도전해보고 크든 작든
결국 해내는 게 멋진 거죠.
성공은 다 그런 과정을 거쳐
나오는 것 아닐까요.

이상 제 짧은 생각이었습니다.

카카오와 토스
그리고
다른 은행 앱들

강력한 캐릭터는 셀럽 마케팅 부럽지 않습니다. 대부분의 젊은 여성들은 귀여운 캐릭터를 좋아하죠. 오롤리데이나 무직 타이거 같은 캐릭터를 활용한 굿즈에 열광하는 것만 봐도 알 수 있습니다. 캐릭터를 이용한 브랜딩의 대표적인 사례가 바로 카카오입니다. 카카오톡을 통해 우리에게 친숙해진 캐릭터는 비즈니스 영역을 확장하면서 그 힘을 배가시키는 것 같습니다. 카카오뱅크가 오픈할 때에도 카카오 프렌즈 캐릭터를 전면에 내세웠습니다. 이들을 이용한 체크카드를 발행한 것이죠. 이것만으로 카카오뱅크의 이용객은 말 그대로 폭발했습니다. 초기 카카오뱅크가 인지도를 높이고 성공적으로 시장에 안착한 데는 캐릭터의 힘이 가장 컸다고 해도 과

언이 아닙니다. 제가 더 자세히 말하지 않아도 잘 아실 겁니다.

그러자 재미있는 현상이 발생했습니다. 다른 은행들이 너도나도 캐릭터를 쏟아낸 것이죠. 펭귄, 벌, 곰, 그 밖에 알 수 없는 생명체들. 하나 또는 여럿, 캐릭터도 참 다양했습니다. 이들도 카카오만큼 캐릭터 효과를 보았을까요? 제가 보기에는 아닌 것 같습니다. 카카오 프렌즈만큼 강력한 팬덤을 갖고 있지도 않을뿐더러 오랫동안 보아온 친근한 캐릭터도 아니기 때문이죠. 저는 오히려 그들(?)을 볼 때마다 카카오 프렌즈가 떠오르더라고요.

타사의 성공사례를 답습해서 성공할 확률은 그리 높지 않은 것 같습니다. 자기만의 차별점으로 팬을 만들어야 하는 브랜딩에는 좋은 방식이 아니죠. 그런 점에서 캐릭터로 승부하지 않고 젊고 혁신적이라는 이미지를 앞세워 편리하고 심플한 UI(User Interface)로 젊은 고객에게 어필한 토스가 오히려 그 시장에서 더 빛난 게 아닐까 합니다. 재미있는 사실은 앞다퉈 캐릭터를 내세우던 은행 앱들이 이제는 점점 토스와 비슷해지는 것 같더라고요. 다시 토스를 벤치마킹하는 것이죠. 남들의 성공사례를 답습하기보다, 자신이 가진 핵심경험을 정확히 인지하고 그것으로 승부를 보는 것이 훨씬 더 효과적이고 좋은 방법임을 다시 알게 되었습니다.

메타버스 시대의
브랜딩

브랜딩이라는 단어가 유행하는 요즘, 책으로도 나왔을 법한 제목이죠? 메타버스라는 단어는 이제 어느 정도 익숙해진 것도 같은데, 한편으로는 여전히 미지의 세계처럼 들리기도 합니다. 메타버스를 가장 간단히 정의하면 '온라인상의 가상공간'이라 할 수 있습니다. 누군가 제게 그런 질문을 했습니다. 메타버스가 유행하는 요즘 어떤 브랜딩을 전개하면 좋을지 말이죠. 우리 브랜드도 메타버스를 활용해야 하는지에 대한 고민입니다.

제 답은 간단합니다. '메타버스를 사용하는 유저들과 우리가 팬으로 만들고 싶은 유저가 일치하나요?' 아니면 적어도 '우리 브랜드가 타깃으로 하는 유저들이 메타버스 공간에 많이 있나요?' 그렇다면 그들을 만나러 그곳으로 가야죠. 그렇지 않다면, 반드시 메타버스를 활용해 무언가를 할 필요가 있을까요?

중요한 건 메타버스가 아니라 우리를 좋아해줄 고객이 그곳에 있는지 여부입니다. 모든 브랜드가 성수동에 팝업스토어를 내는 것 같지만, 영어 교육 관련 기업들은 지금도 주로 강남역에 광고를 합니다. 현재 성수동이 힙한 젊은이들의 성지라면, 강남역은 토익을 공부하는 학생들이 대거 모이는 곳이니까요. 교육 기업이 굳이 비싼 돈을 들여 성수동에 브랜드를 알릴 필요는 없는 거죠. 그들의 타깃이 그곳에 있지 않으니까요. 메타버스 활용, NFT와의 접목도 이런 식으로 접근해야 합니다.

MZ세대가
열광하는 브랜드는
무엇이 다른가

이 또한 무척 자극적인 타이틀입니다. 대단한 무언가를 알려줄 것만 같은 제목이죠. 하지만 밀레니얼과 Z세대, 20대 중반에서 40대 초반에 이르는 이들을 한 집단으로 묶는 건 무리죠. MZ 두 세대 모두 열광할 수 있는 브랜드는 세상에 존재하지 않는다고 생각합니다. 특정 브랜드에 열광하는 사람들 가운데 MZ세대가 많다는 것은 어느 정도 이해할 수 있지만요.

사람들이 열광하는 브랜드에는, 그 브랜드를 좋아하게 되는 포인트가 반드시 있습니다. 그리고 그 포인트를 결정하는 것은 MZ와 같은 연령대가 아니라 '취향의 코드'입니다. 배민을 좋아하는 사람들은(배짱이라 부르죠) 배민의 독특한 유머코드를 좋아하는 것이고, 무인양품을 좋아하는 사람들은 그 브랜드만의 미니멀 코드를 좋아하는 것이죠.

'MZ세대가 열광하는 브랜드는 무엇이 다른가' 하는 이야기로 돌아가 보면, 그들은 그들만의 취향 코드를 가지고 있다고 답할 수 있습니다. 그 취향 코드를 좋아하는 사람들이 그 브랜드에 열광하는 것이고요. 그래서 브랜드에 취향이 있다는 것, 즉 브랜드만의 개성을 구축하고 감성적 경험을 전달하는 것은 굉장히 중요합니다. 그것에 열광하는 사람까지 만들 수 있으니 말이죠.

슬로건이나 카피가
떠오르지 않을 때

브랜딩을 진행하다 보면 캠페인이건 다른 무엇이건, 그것을 알리는 슬로건이나 제목 혹은 카피가 필요합니다. 물론 사무실에서 열심히 고민하지만, 그래도 괜찮은 무언가가 떠오르지 않을 때면 저만의 습관이 있습니다. 바로 대형 서점에 가보는 겁니다. 영문의 '무엇'이 필요하면 해외 잡지나 도서가 있는 쪽을 보고, 한글 카피가 필요하면 한글 잡지나 도서가 있는 쪽을 죽 훑곤 하죠. 그러면 책의 제목이나 부제 등에서 간혹 단서가 보이더라고요. '이 문장을 참고해 변형해볼까?', '이 단어 참 좋은데 한번 활용해볼까?' 같은 식이죠. 여러분도 카피가 급할 때 서점에 한번 가보시길 권합니다. 따지고 보면 서점만큼 많은 단어와 문장이 모인 공간은 지구상에 없을 테니까요. 제 경우에는 운 좋게도 이전 직장 근처에 대형 서점이 있었습니다. 이 점도 중요하겠네요.

아이데이션

브랜딩에서 아이데이션 회의는 필수입니다. 생각을 해야 뭐가 나오죠. 저만의 아이데이션 회의 방식을 잠깐 소개해드립니다. 솔직히 별거 없어요. 명확한 목표를 정하고 그것을 이룰 좋은 아이디어가 나올 때까지 계속합니다. 시간도 정하지 않습니다. (그래서 주로 카페에서 많이 진행했습니다.) 이야기를 하고 또 하고, 이런 아이디어, 저런 아이디어를 던져보고 하나가 괜찮으면 거기서 파생시켜 또 이야기하고, 잠깐 쉬고 또 하고, 조금 지친다 싶으면 다음 날 또 하고….

이렇게 한다고 하니 의외로 놀라는 분들이 많더라고요. 보통 리더(?)라면 보고받고 그런 거 아니냐고요. 아뇨, 저도 적극 참여해야죠. 성향상 아이디어 내는 것을 좋아할뿐더러, 한 명이라도 더 머리를 맞대야 더 좋은 아이디어가 나올 가능성이 커지지 않을까요? 그러려면 팀원들과의 관계도 매우 중요합니다. 가능한 한 아이데이션 단계에서는 수평적인 관계가 되어 진행해야 합니다. 그다음 마지막 정리는 늘 제가 하고요.

무제

주변의 다양한 의견을 수렴하는 것은 좋지만, 문제는 그렇게 진행해서 결과가 좋지 않을 때입니다. 책임이 불분명하고 서로에 대한 원망은 커지죠. 그래서 저는 스스로 결정하고 결과에 책임지는 편이 훨씬 좋습니다. 물론 제 스타일입니다.

브랜딩은
합의가 아닌
선언

이런 질문을 가끔 받습니다. 내부에서 브랜딩의 방향을 설정한 후 어떻게 유관부서 혹은 직원들과 그것을 합의하느냐고요. 사람의 생각은 조금씩이라도 다르기에, 어떤 사안에 합의점을 찾는 과정이 쉽지만은 않죠. 다들 비슷한 경험이 있으리라 생각합니다.

이런 질문을 받을 때면 저는 이렇게 말합니다. 브랜딩은 합의하는 것이 아니라 일종의 선언이라고요. 우리의 브랜딩은 이러해야 한다고 선포하고 그것을 향해 달려가야 한다는 것이죠. 그래야 진행이 됩니다. 한 명 한 명 합의를 통해 결정하다가는 브랜딩뿐 아니라 그 무엇도 두루뭉술해질 뿐입니다. 여러분이 브랜딩 담당자나 브랜딩 디렉터 혹은 대표라면, 브랜딩의 방향을 여러 각도에서 최대한 고민하되(이 과정에서 구성원들의 다양한 이야기를 들어보는 것도 좋죠) 그것을 합의에 의해 결정한다기보다 결국 내가 정한 방향으로 선언하겠다고 생각하는 쪽이 좋습니다. 아니, 그게 맞습니다.

05.

브랜드를 만들고
알리는 사람들

브랜딩이 세상에 어떻게 기여할 수 있을까

저는 브랜딩이 사람들로 하여금 자기 어필을 더욱 적극적으로 할 수 있도록 돕는다고 생각합니다. 개성 있는 브랜드들이 많이 나와서 고객의 선택지를 넓혀주고, 사람들은 브랜드를 통해 자신의 취향을 더 잘 보여줄 수 있죠. 나만의 개성을 더 적극적으로 드러내고 나의 자아를 남들에게 표현할 수도 있습니다. 이 때문에라도 자기만의 색깔과 모습이 또렷한 브랜드가 많이 생기길 바랍니다. 그리고 이러한 변화에 제가 조금이라도 일조하고 싶습니다. 직업적 차원만이 아닌, 브랜딩 디렉터로서 제가 사회에 작게라도 기여할 수 있는 일이라고 생각합니다.

또 다른
즐거움

예전에 제가 담당하는 브랜드를 너무 좋아한다는 광고홍보학과 학생이 무턱대고 회사에 찾아온 적이 있었습니다. 졸업하면 우리 브랜딩 팀에 꼭 들어오고 싶다는 그 학생에게 경력자 중심으로 채용하고 있다고 솔직하게 답해주니 조금 상심하더라고요. 커피 한 잔하면서 위로도 해주고 질문에 답도 하며 이런저런 이야기를 들려주었더니 경력을 쌓아 꼭 지원하겠다며 한결 밝아진 표정으로 돌아갔습니다. 브랜드의 팬을 만드는 것은 단순히 브랜드를 이용하는 사람뿐 아니라 이런 채용의 기회까지 만든다는 걸 그때 많이 느꼈습니다.

직장인과
직업인

직장인, 직장에 다니시는 분들은 크게 두 부류로 나눌 수 있다고 생각합니다. 직장이 중심인 분과 직업이 중심인 분으로요. 직장이 중심인 분에게는 회사의 네임밸류, 규모, 복지나 처우 등이 중요할 겁니다. 직업이 중요한 분들에게는 자기 업의 발전 가능성, 도전 기회, 권한과 책임 등이 중요할 테고요. 어느 쪽이 좋고 나쁘다고 단정할 수는 없습니다. 단지 어느 쪽이 나에게 더 가치 있는지가 중요할 뿐이죠.

저는 직업이 중심인 사람입니다. 브랜딩을 좋아하고 이것에 욕심도 많고, 어느 브랜드에 소속되든 이쪽으로 계속 좋은 결과를 만들어내고자 노력합니다. 여러분은 어떤 타입의 직장인인가요?

업에
집착하는 사람

제 이야기를 조금 더 하자면, 성과에 집착합니다. 일반적으로 생각하는 '숫자를 달성하는 성과'가 아닌, 우리만의 모습을 멋지게 이루어냈는가에 대한 성과죠. 그리고 이것이 만들어지는 과정에 더욱 집착합니다. 은근히 중독성 있는 일이죠.

간혹 이런 집착이 시들해질 때가 있는데, 경험상 두 가지 경우였던 것 같습니다. 그 브랜드다운 모습이 어느 정도 단단하게 갖춰졌다고 생각할 때(물론 브랜딩은 끝이란 게 없습니다만)와 어떤 이유에서든 그 브랜드에 대한 나의 애정과 욕심이 예전 같지 않다는 판단이 들 때입니다. 이럴 때 저는 새로운 브랜드로 이동을 생각했던 것 같습니다. 저는 직장보다는 직업을 중시하는 사람이니까요.

브랜드보이

제가 자주 보는 유튜브 채널 중 '브랜드보이'가 있습니다. 다양한 해외 브랜드의 시작과 역사, 그들이 어떤 마인드를 갖고 있고 왜 성공했지를 재미있게 풀어냅니다. 그걸 보면 대부분 '아, 그렇구나' 하고 말 텐데 저는 좀 달라요. 보면 볼수록 그런 브랜드를 만들어 보고 싶은 욕망이 마음속에서 뿜어져 나옵니다. 사람은 죽어서 이름을 남기고 호랑이는 죽어서 가죽을 남긴다는데 저는 세상에 족적을 남기는 브랜드를 하나 만들고 싶다는 그런 생각이요. 그럴 수 있을까요? 모를 일입니다. 하지만 정말 만들고 싶습니다. 그래서 제 머릿속에는 늘 여러 가지 가상의 브랜드들이 떠다닙니다. 브랜드 이름도 정해보고 컨셉도 생각하고 또 어떤 식으로 브랜딩을 전개할지 상상해보는 거죠. 제가 하는 브랜딩에 이런 상상이 쏠쏠하게 도움이 됩니다. 지금 제가 담당한 브랜딩에 적용해볼 만한 것을 찾을 수도 있고요. 하여튼 그렇습니다. 이런 걸 보면 저는 뼛속까지 브랜더인가 봅니다. 응원해주세요.

아무말

어떤 분이 물어보셨습니다. "우성 님은 사업 안 하세요?" 저는 이렇게 대답했습니다. "사업보다는 제 브랜드를 갖고 싶어요." 물론 제 브랜드를 가지려면 사업을 해야겠죠? 멋진 브랜드를 만들 자신은 있는데(근거 없는 자신감입니다) 사업을 잘할 자신은 없네요. 저는 어떻게 해야 할까요? 사업에 자신 있는 분과 파트너를 해야 할까요? 모르겠습니다. 이상 아무말이었습니다.

브랜드 디렉터와
브랜딩 디렉터

강연을 나가면 저를 '브랜드 디렉터'라 소개해주실 때가 종종 있습니다. 그럴 때마다 '브랜딩 디렉터'로 다시 저를 소개합니다. 무슨 차이일까요? 제 기준에 브랜드 디렉터는 '브랜드의 탄생부터 디자인, 제품의 생산, 판매, 유통, 마케팅까지 한 브랜드의 여정을 모두 관리하는 사람'입니다. 즉 작은 브랜드의 창업자들이 바로 브랜드 디렉터죠.

그러면 브랜딩 디렉터는 누구일까요? 브랜딩 디렉터는 기존에 존재하던 브랜드의 경험을 정의, 설계하고 소울을 넣고(앞에서 얘기했죠) 사람들(타깃 대상)이 브랜드에 관심 갖고 나아가 좋아하는 팬이 되게 만드는 모든 과정을 총괄하는 사람입니다. 즉 브랜드 디렉터는 제너럴리스트에, 브랜딩 디렉터는 스페셜리스트에 가깝습니다. 물론 제 기준의 설명입니다.

브랜딩 디렉터와
브랜드 마케터

브랜드가 지향하는 가치와 메시지를 명확히 하고 누구 한 명 알아주지 않아도 그것을 일관성 있게 꾸준히 하다 보면, 결국 하나둘 반응이 오고 이를 지지하는 팬이 조금씩 늘어납니다. 저는 그런 사례를 많이 보았어요. 하지만 이 과정에서 담당자들은 조금 외롭습니다. 사람들이 할인공지나 쿠폰에 우르르 반응하는 것과 달리, 당장 큰 반응이 없으니 브랜딩이 잘되고 있는지 의심도 들고 걱정도 됩니다.

하지만 방향이 명확하다면(그런 신념만 있다면), 그리고 꾸준히 일관되게 그것을 밀고 나가면 시작은 작았어도 점점 그 힘이 세집니다. 그 방향을 잡는 것은 주로 브랜딩 디렉터의 역할이지만, 그것을 일관된 톤앤매너와 결과물로 꾸준히 만들어내는 것은 브랜드 마케터의 역할이 더 크다고 생각합니다. 좋은 브랜드 마케터는 이것을 잘하는 사람이어야 합니다. 그렇게 해서 브랜딩 디렉터로 조금씩 성장하시길 바랍니다.

브랜드 마케터보단
브랜드 빌더

고백하자면 사실 브랜드 마케터라는 단어를 그리 좋아하지는 않습니다. 브랜드를 마케팅한다는 이 직업명과 제가 정의하는 마케팅의 의미가 충돌하기 때문입니다. 앞서 말했듯이 제가 생각하는 마케팅이란 판매고를 높이기 위한 모든 직접적인 행위를 말합니다. 이에 따르면 브랜드를 마케팅한다는 말은 해당 브랜드의 제품이나 서비스를 마케팅하는 것과 의미가 크게 다르지 않습니다. 해석만 놓고 보면 제가 생각하는 브랜딩의 역할은 어느새 스르륵 사라져버리는 것 같습니다.

그래서 저는 브랜드 마케터보다는, 브랜드의 가치와 핵심경험을 정의해 그 브랜드답게 만들어가고 고객(혹은 세상)에게 다양한 활

동을 통해 알리는 역할로서 브랜드 빌더(brand builder)라는 직업명
이 더 적합한 것 같습니다. 여러분의 생각은 어떤가요?

더 많은
기회

브랜딩 팀은 몇 명이 적절할까요? 저도 모릅니다. 하지만 기업에서 늘 사람은 필요하기 마련입니다. 저는 어떤 회사에 소속되었든 항상 대표님께 채용 이야기를 꺼냈습니다. 그러면 보통 이런 질문을 하시더군요. "인원이 늘면 브랜딩을 더 잘할 수 있나요?" 제 답은 이랬습니다. 인원이 늘면 브랜딩을 더 잘한다기보다는 더 많은 것을 할 수 있다고 말이죠. 모든 일이 그렇듯 브랜딩 역시 기업의 의도대로 성공할지는 아무도 모릅니다. 하지만 그것을 위한 더 많은 기회를 만들 수는 있을 겁니다.

적은 예산,
최고의 효과

브랜딩을 진행할 때 피할 수 없는 것이 예산 승인입니다. 대기업에 다닐 때는 이런 걱정을 별로 하지 않았습니다. 그냥 방향과 기획이 좋으면 진행하는 편이었죠. 하지만 스타트업으로 이직하고 나니 늘 예산이 부족하더라고요. 하고 싶은 것도 많고 충족하고 싶은 퀄리티는 높은데, 그 수준에 맞는 예산을 지원받은 적은 솔직히 한 번도 없었던 것 같습니다.

물론 대기업과 상황이 다르기에 충분히 이해합니다. 그래서 늘 적은 예산으로 어떻게 하면 최고의 효과를 낼 수 있을지 고민했습니다. 방법은 하나뿐입니다. 차별화예요. 예산을 풍족하게 쓰는 경쟁사들보다 더 주목받는 길은 다르게 하는 것밖에 없습니다. 그래서 이 부분에 병적으로 집착했습니다. 저의 전작에서 사례로 언급했던 29CM의 미니쿠퍼 이벤트, 1000만 원 이벤트, 루시, 멸종위기 동물을 접목한 스타일북 모두 차별화에 대한 집착에서 나왔습니다. 다행히 결과도 좋았습니다.

커리어를 위한
현실조언

우리도 브랜딩이 필요한데 회사를 설득하는 게 쉽지 않아 고민이라는 이야기를 가끔 듣습니다. 이유는 여러 가지고 설득 방식도 다양하겠지만, 앞으로 브랜딩 커리어를 쌓고 싶은 분이라면 이미 브랜딩 조직이 있는 곳이나 (그렇지 않다면) 대표님이나 의사결정권자가 브랜딩을 중시하는 회사로 이직할 것을 권하고 싶습니다. 회사의 규모와 관계없이 본인에게 많은 권한을 주는(그만큼의 책임도 따릅니다) 회사를 선택하세요. 냉정하지만 그게 경험이나 시간 면에서 더 현명한 결정입니다. 지나고 나니 그렇더라고요. 앞으로 브랜딩에 대한 기업들의 니즈는 점점 커질 겁니다. 니즈가 분명한 기업, 브랜딩에 투자하고 싶은 곳으로 가야 해요.

무제

지금껏 여러 브랜드의 브랜딩을 담당했습니다. 브랜드가 바뀔 때마다 다시 모든 것이 새롭게 리셋되는 기분이 듭니다. 다시 높은 탑을 쌓기 위해 바닥부터 돌멩이를 올리기 시작하는 것 같달까요. 나름은 다양한 브랜드를 이끌었다고 생각하지만 지름길이나 속성법은 없는 것 같습니다. 물론 정답도 없고 오답도 없죠. 그래서 다른 커리어와 달리 브랜딩은 이전 브랜드의 방식을 그대로 도입하거나 응용할 수 없습니다. 브랜드가 처한 상황이 모두 다르니까요. 업무 영역이나 성격 또한 상황에 따라 크게 달라지기도 합니다.

트렌드를
알아야 하는 이유

마케터는 트렌드를 잘 파악하고 있어야 한다고 합니다. 맞는 말입니다. 요즘 사람들이 무엇을 좋아하는지는 알아야죠. 하지만 제가 트렌드를 잘 파악해야 한다고 말하는 이유는 보통의 뉘앙스와는 조금 다릅니다. 트렌드란 지금 시대에 유행하는 그 무엇입니다. 그렇다면 그건 우리가 따라야 할 대상일까요? 아뇨, 저는 오히려 반대라고 생각합니다.

트렌드를 따른다는 말의 의미를 짚어보면, 그것의 선두에 그것을 이끄는 누군가가 있고 그 뒤를 좇는다는 뜻입니다. 결국 나 또한 그것을 따르는 무리 중 하나가 될 뿐이죠. 즉 남들과 나를 구분할 수 없게 됩니다. 트렌드를 따르는 나를 보고, 사람들은 그 트렌드를 이끄는 누군가를 생각할 겁니다. 브랜딩하는 입장에서 보면 트렌드는 따라야 할 대상이 아니라, 오히려 따르지 않거나 나아가 새롭게 정의해야 할 과제 같은 것입니다. 그런 맥락에서 트렌드를 잘 파악하고 있어야 합니다.

그러나
트렌드 책을
읽지 않는 이유

연말이면 수많은 트렌드 책이 나오는 건 다가올 앞날에 대한 호기심 때문일까요? 그보다는 불확실한 미래에 대한 두려움과 그것을 나만 몰랐을 때의 손실을 피하려는 사람의 수요가 많아서인지도 모르겠습니다. "걱정하지 마. 이것만 알면 내년에는 그리 뒤처지지 않을 거야." 트렌드 책마다 이런 메시지를 보낸다고나 할까요? 사람들은 자신의 약점을 남에게 드러내고 싶어 하지 않죠. 그래서 해가 갈수록 더 세분화된 트렌드 책이 쏟아져 나오는 것 아닌가 합니다. 그냥 그런 생각이 들었습니다. 전 트렌드 책을 읽지 않습니다. 앞에서 말한 이유로요.

FOMO

'FOMO'라는 말을 들어보셨죠? 'Fear Of Missing Out'의 약자입니다. 나만 뒤처지거나 소외될 것 같은 두려움을 뜻하죠. 이것을 브랜딩에 어떻게 적용할 수 있을까요? 우리 브랜드를 모르면 뒤처지거나 손해 보는 것 같은 인식을 만들어야죠. 어떻게 만드느냐고요? 정답은 없겠지만 가장 중요한 건 우리 브랜드가 무엇을 대변하는지, 그 흐름을 만드는 것 아닐까요. 그것만으로도 사람들의 머릿속에 FOMO를 발생시킬 수 있습니다. FOMO라고 해서 반드시 트렌드나 힙(hip)이라는 단어와 연결해 생각할 필요는 없습니다. 대중성을 따를 필요도 없어요. 모든 대중을 공략할 필요가 없다는 말입니다.

예를 들어 스위스 가방 브랜드 프라이탁을 모든 사람이 알지는 못해요. 하지만 누군가의 인식에 업사이클링을 대변하는 감각적인 가방 브랜드로 자리잡고 있다면 주변 사람들에게 FOMO를 일으킬 수 있겠죠. "너 프라이탁 모르니? 그게 어떤 브랜드냐면 말이야…" 하며 말이죠. 실제 제 경험담이기도 합니다. 지금이야 프라이탁이 꽤 알려졌지만 그렇지 않던 시절에 제 지인들 상당수가 제 이야기를 듣고 프라이탁을 구매했습니다. 과거 29CM를 브랜딩할 때도 주변에서 비슷한 경험담을 들었습니다. 제가 맡은 브랜드가 긍정적인 의미에서 사람들에게 FOMO를 일으키는 브랜드가 되길 바랍니다. 그러기 위해 오늘도 열심히 고민하고 기획하며 또 일합니다.

퍼스널
브랜딩

얼마 전 퍼스널 브랜딩에 관한 책을 써달라는 제안을 받았습니다. 그만큼 퍼스널 브랜딩에 대한 관심도가 높아진 것 같아요. 관련된 책이나 유튜브 콘텐츠가 꽤 많이 나오는 것만 봐도요.

이에 대한 제 생각은 꽤 명확합니다. 자신의 성과가 자신만의 브랜드를 만든다는 것입니다. 그래서 퍼스널 브랜딩을 위해 따로 무언가를 읽고 공부하는 것은 그리 도움 되지 않는다는 것이 제 생각입니다. 그보다 자신의 일에서 좋은 성과를 내기 위해 노력하는 것이 훨씬 중요해요. 성과가 좋고 그것이 반복되면 내 이름도 자연스럽게 누군가를 통해 알려지게 되어 있습니다. 이를 쑥스러워 말고 적극적으로 알리는 것이 퍼스널 브랜딩의 방법이라면 방법이랄까요. 인스타그램도 좋고 블로그나 브런치 등을 통해서도 좋습니다. 그 성과 안에 자신만의 이유와 방법 그리고 명확한 생각이 있고 누군가에게 귀감이 될 수 있다면 그것으로 충분하지 않을까요. 이러한 이유로 퍼스널 브랜딩에 관한 책을 써달라는 제안은 정중히 거절했습니다. 제가 쓸 수 있는 말은 이것이 전부이기 때문입니다.

이력서

이력서는 자기 경력을 구구절절 담아내는 기술서라기보다는, 지금
껏 쌓아온 결과물을 타인에게 어필하는 하나의 브랜딩 도구에 가
깝다고 생각합니다.

수많은 이력서를 받아보았지만 안타깝게도 정형화되고 빤한 경
우가 너무 많습니다. 어느 회사에 얼마나 다녔고 그곳에서 무슨
업무를 했는지 나열하는 식이죠. 그보다는 자신이 진행한 프로젝
트가 어떤 배경과 과정을 거쳐 어떤 성과를 거두었는지, 자신의
업무적 관심사는 무엇인지 등이 더 중요합니다. 이력서에서 자신
을 매력적으로 보여주지 않으면 읽는 사람의 호기심을 자아낼 기
회를 놓칠 수 있다는 걸 잊지 않았으면 좋겠습니다. 적어도 브랜딩

을 하겠다는 분들의 이력서라면 그래야 합니다. 잘한 것은 더 자세히 어필하고, 자랑할 건 더 뻔뻔히 자랑하세요.

채용
인터뷰

지금껏 수많은 면접 인터뷰를 진행했습니다. 정말 다양한 분들을 만났어요. 그중 제가 함께 일하고 싶은 동료로 뽑는 분은, 눈에 띄는 성과를 거두었거나 유명 기업 출신과는 조금 거리가 있습니다. 연차가 어느 정도 되면 업무 경험은 비슷하다고 생각하기에, 오히려 업무 외의 경험을 먼저 봅니다.

예를 들어 본인만의 글을 꾸준히 써왔다거나 커뮤니티 활동을 꾸준히 하는 사람들을 저는 선호합니다. 다양한 것에 관심이 많은 분에게 자연스럽게 눈길이 가기도 하고요. 마지막으로 브랜딩 디렉터로 본인의 커리어 방향을 잡은 분이라든지, 멋진 브랜드를 만들고 싶다는 열정이 가득한 분을 선호합니다. 이런 분들이 브랜딩에 대한 이해도와 일에 대한 열정도 높고, 새로운 아이디어도 많으며 성공에 대한 열망도 크더라고요.

평판에 대한
생각 1

평생직장이 사라진 이 시대에 개인의 평판은 정말 중요합니다. 좋은 평판을 만드는 비결은 무엇일까요? 제 생각이지만 가장 확실한 방법은 '결과'로 보여주는 것입니다. 거기에 나만의 차별화된 접근과 의미 있는 과정이 포함되어 있다면 더 좋습니다. 자신만의 철학이나 방향이 있다면 베스트입니다. 매번 좋은 결과를 낼 수는 없겠지만, 다양한 시도를 해보고 그중 의미 있는 결과를 꾸준히 쌓아가는 것 외에 좋은 평판을 만드는 방법은 없는 것 같습니다. 요즘 같은 시대에 말로만 평판을 만들려 하면 결국 뒤탈이 있기 마련입니다.

평판에 대한
생각 2

얼마 전 SNS에 어느 스타트업 대표님이 올린 글을 보았습니다. 인재를 뽑을 때 반드시 주의해야 할 내용이었습니다. 본인 입으로 어디 출신이라는 과거 이야기만 하는 분, 특정 회사의 비즈니스를 폄하하는 분, 성과보다 트렌드에 집중하는 분, 짧게 몸담았던 회사의 성과를 마치 본인이 다 한 것처럼 부풀려 말하는 분 등은 문제 있을 확률이 높다는 이야기였습니다. 그리고 이전 회사에서 그 사람과 다시 일하고 싶냐는 질문에 '그렇다'는 즉답이 나오지 않는다면 의심해봐야 한다는 내용이었습니다. 생각 외로 그런 분들 많거든요. 좋은 분을 채용하지 않으면 인력과 시간, 비용이 낭비되고 그들이 내부에 미치는 영향에 따라 다른 직원들도 힘들어할 수 있습니다. 저도 주변에서 종종 보았기에 정말 크게 공감했습니다.

지원자 입장에서도 마찬가지입니다. 어느 회사에 지원하든 대표와 경영진의 평판을 반드시 체크해야 합니다. 브랜딩 영역은 이점이 다른 직군보다 특히 중요한 것 같습니다. 경영진 중에는 멋진 브랜드를 만들고 싶은 욕심에 브랜드 마케터를 채용하지만 권한위임은 하지 않고 본인이 그리는 방향대로 단순히 구현해주기를 바라는 분, 주변의 브랜딩 성공사례를 보고 쉽게 사람을 뽑아 매출 성과만 압박하는 분, 브랜딩은 장기적인 전략임에도 단기적 성과에만 집착하는 분들이 있습니다. 브랜딩을 실제로 진행하기 위한 예산은 거의 고려하지 않는 분들도 있죠. 브랜딩 업무에 지원하신다면, 그 회사에 근무했던 브랜드 마케터나 다른 부서 직원들을 통해 대표의 성향이나 스타일을 체크해보시기 바랍니다.

브랜딩 업무는 대표와의 합이 정말 중요하고, 또 그분의 지지를 얻어야 꾸준히 전개할 수 있습니다. 그래야 본인도 성장하고 회사 역시 인지도가 올라가고 팬이 생깁니다. 저 또한 제 커리어에 좋은 성과를 많이 만들었던 때를 돌이켜보면 브랜딩을 이해하고 확실히 지지해주는 대표님과 함께할 때였습니다. 브랜딩을 커리어로 삼은 분들이라면 이 점을 유념하시기 바랍니다.

브런치를
시작한 이유

타인이 한 것을 마치 본인이 한 것처럼 이야기하는 분을 보았습니다. 브랜딩이란 이런 거고 저런 거고… 어쩌면 브랜딩이란 단어는 이럴 때 쓰기 좋은 말인지도 모릅니다. 뭔가 그럴듯해 보이는 멋진 포장지 같은 거요. 그래서 이 사람 저 사람 많이들 말하지만, 이 업을 하는 사람들은 아마 알 겁니다. 브랜딩은 멋진 만큼 어렵고, 갖고 싶은 만큼 오래 걸리고, 또 감성의 영역이라 예측하기 힘들고, 정답도 없고, 특히 외롭고.

　세상은 다양한 사람들이 부대끼며 살아가는 곳이고 그런 분들을 여럿 봐서 이젠 덤덤하기도 하지만, 그 일을 계기로 그간 제가 해온 프로젝트들을 제 생각과 함께 틈틈이 글로 남기기로 했습니다. 나의 경험과 결과물을 글로 기록하여 보호(?)하겠다는 의도입니다. 그것이 제가 브런치에 글을 쓰기 시작한 이유입니다. 지금은 어느덧 누적 14만 뷰를 훌쩍 넘겼고, 구독자도 2000명 정도 되었네요. 여러분도 자신이 기획하고 진행한 결과물을 어디든 좋으니 글로 기록하세요. 그래야 자신의 것으로 보존됩니다.

브랜딩을
시작하는 분들께
드리는 썰

브랜딩에 관심이 많거나 이 분야에서 커리어를 쌓고 싶은, 혹은 이제 막 커리어를 시작한 분이라면 우선 브랜딩에 대한 자신만의 개념 정리가 필요합니다. 그래서 되도록 많은 브랜딩 책을 읽으라고 권하는 편입니다. 그리고 스스로에게 브랜딩이 무엇인지, 어떤 것들이 중요한지 묻고 답하는 훈련을 해보세요. 노트에 정리해봐도 좋습니다. 그러면서 브랜딩에 대한 본인만의 정의를 세워보길 추천합니다.

저 역시 브랜딩을 회사에서 접했지만 이에 대한 나름의 생각 정리는 거의 책을 통해서 했습니다. 예전에는 지금처럼 브랜딩 책이 많지 않았음에도 말이죠. 그리고 업무에서 하나둘 경험하다 보면 이론과 현실의 무엇이 같고 무엇이 다른지, 어떤 변수가 있는지, 더 생각해봐야 할 것은 무엇인지를 다시 발견할 수 있었습니다. 잘 아시겠지만 생각과 실행은 완전히 다른 얘기거든요.

책을 아무리 읽어도 막막하고 어디서부터 어떻게 해야 할지 모를 수도 있습니다. 그럴 때 브랜딩에 대한 자신만의 생각을 정리해보면 도움이 됩니다. 적어도 작은 해결책, 아니 방향의 실마리는 주죠. 이런 과정을 통해 경험치가 쌓이면서 브랜딩에 대한 자신만의 철학(?)이 생겨납니다. 이를 기준으로 브랜딩 커리어를 더 탄탄히 쌓아갈 수 있을 테고요. 물론 늘 경험을 통해 배우면서 말이죠.

브랜딩이라는
업

이렇다 저렇다 해도, 브랜딩은 결국 자본주의의 산물(?)입니다. 시장에서 일어나는 무한경쟁에서 이기기 위해 만들어진 개념일 겁니다. 한편으론 일종의 고도화된 심리적 세일즈 전략이라 할 수도 있겠습니다. 조금 더 거칠게 말하면 심리 선동(propaganda) 전략이라고도 할 수 있습니다. 네, 저도 잘 압니다. 물리나 수학처럼 순수한 학문의 영역은 아니죠. 하지만 어쩌겠어요. 그래도 브랜딩을 하는 것이 좋고 저에게는 너무 매력적인 업입니다. 문득 든 생각이지만 적어보았습니다.

권한과
책임

회사에서 브랜딩을 맡은 분이라면, 그리고 브랜딩에 대한 본인의
생각이 확고하다면 경영진에 브랜딩에 대한 권한을 요구하세요.
그래야 본인이 브랜딩을 리드할 수 있습니다. 본인이 흔들리지만
않으면 브랜딩 방향이 흔들릴 가능성도 줄어들겠죠. 그러면 일관
되게 브랜딩을 전개할 수 있습니다. 권한이 내가 아닌 다른 사람에
게 있으면 일관된 브랜딩은 사실상 힘들 수 있습니다. 브랜딩을 통
해 좋은 커리어를 쌓고 싶다면 이에 대한 권한이 필요합니다.

제가 대기업에서 규모가 작은 기업으로 이직한 이유도 이 때문
이었습니다. 예산은 적었지만 제가 직접 리드하여 다양한 브랜딩
활동을 전개할 수 있었거든요. 물론 결과에 대한 책임도 본인 몫

입니다. 이것이 두렵다면 소신껏 브랜딩을 진행하겠다는 마음은 내려놓는 것이 좋습니다.

자기만의
원칙

누구든 일을 할 때 자기만의 원칙이 있다는 것은 매우 중요합니다. 결과물을 보고 '역시 저 사람이 했구나' 혹은 '역시 저 브랜드구나' 하는 말을 듣는다면 자기만의 아이덴티티, 즉 자기다움을 만들었다는 증거일 겁니다. 웨스 앤더슨의 영화를 보면 늘 대칭구조가 나오거나 그만의 색감을 볼 수 있죠. '풋!' 하고 웃게 되는 카피를 보면 배민이 떠오르는 것도 그 예고요.

브랜딩에서 이런 원칙을 만들어보는 것도 브랜드 아이덴티티를 구성하는 데 필요합니다. 저 역시 저만의 원칙까지는 아니지만, 다른 곳에서 하는 방식으로는 하지 않겠다고 차별화에 집착합니다. 그 결과 언젠가부터 제가 담당했던 브랜드는 '다르다' 혹은 '힙하다'는 인식이 생겨나기 시작했던 것 같습니다. 물론 아직 부족합니다. 올해는 더 뾰족하고 저다운 원칙을 세워야 할 것 같아요.

그들의
처음

세상에는 개성과 자기만의 이미지가 또렷하고 멋진 브랜드들이 많습니다. 패션 분야만 봐도 수두룩하고 다른 영역에서도 그렇죠. 여기서 일일이 이름을 나열하지 않아도 잘 아실 겁니다. 그런 브랜드들은 늘 동경의 대상입니다. 우리도 그렇게 될 수 있을까 생각해보면 선뜻 고개를 끄덕이기 어렵죠. 하지만 이런 생각도 듭니다. 그들도 처음에는 아주 작은 스몰 브랜드에서 시작했겠죠. 그렇게 생각하면 못할 것도 없지 않나요? 문제라면, 빨리 그렇게 되고 싶은 우리의 욕심입니다. 지금의 그들이 되기까지는 그만큼의 시간이 필요했을 텐데 말이죠. 그러니 서두르지 말고 제대로 해보자고요.

전문가라는
호칭

누군가는 저를 브랜딩 전문가라 부르고 또 그렇게 소개하기도 합니다. 그 단어가 상당히 부담스러워 도대체 전문가는 어떤 뜻인지 사전을 찾아보았습니다. 전문가란 '어떤 분야를 연구하거나 그 일에 종사하여 그 분야에 상당한 지식과 경험을 가진 사람'이라고 나와 있더군요. 그렇다면 저도 어느 정도 전문가라 불릴 수는 있겠다고 생각, 아니 안도한 적이 있습니다. 그런데 이상하죠? 그래도 오랜 기간 이 업을 해왔으니 경험이 적다고 할 수는 없을 텐데, 브랜딩은 하면 할수록 더 복잡하고 어렵게 느껴집니다. 전문가라고 하지만, 할수록 더 어려워지는 분야의 전문가인 거죠. 그렇다면 저는 전문가일까요, 아닐까요. 저도 모르겠네요. ☺

우리 브랜드는
지금
어디쯤 있을까

면접을 보러 온 분들을 만나보면 현재 우리 회사가 잘되고 있는지, 우리 브랜딩 활동이 어떻게 인식되고 있는지 어느 정도 짐작할 수 있습니다. 어찌 보면 그들이 브랜딩에 가장 민감한 사람들일 테니까요. 얼마 전 면접을 보는 자리였는데, 한 분은 제가 속한 브랜드의 브랜딩 활동을 잘 모르더군요. 다행히 나머지 분들과 대화하면서 내부에서 느끼는 것보다는 브랜드 인지도가 높다고 짐작할 수 있었습니다. 이분들이 우리 브랜드에 지원한 목적도 그와 무관하지 않겠죠.

그동안 여러 브랜드 활동을 해왔지만, 작년에는 제가 속한 브랜드의 제품 카테고리와 관련해 다양한 콘텐츠를 꾸준히 발행하는

데 주력했습니다. 사실 고민이 적지 않았습니다. '이것으로 우리 브랜드를 많이 접하게 될까?' 예산도 적은 상황에서 말이죠. 그래도 우리 브랜드를 접하는 한 명 한 명에게 타사와 다른 인상을 주기 위해 노력했고, 반응을 보면서 조금씩 차별성이 드러나고 있음을 알 수 있었습니다. (물론 그전에 진행했던 브랜딩 활동과의 연결성 또한 부정할 수 없겠죠.) 앞서 얘기한 대로 모든 대중이 우리 브랜드를 알아주기 바라는 건 욕심입니다. 소수에게 강한 인상을 남기는 것을 목표로 하고, 그 소수를 점점 늘려가면 됩니다.

실패를 두려워하지
않는 용기

늘 마음속에 심어둔 문장입니다. 저도 두렵기 때문입니다. 많은 분들이 저와 같겠죠. 하지만 실패를 두려워하면 아무것도 할 수 없습니다. 늘 제자리입니다. 그러면 어떠한 변화도 생기지 않아요. 그러니 제발 실패에 대한 두려움을 내려놓으시기 바랍니다. 그래야 더 과감해질 수 있고 남들과 다른 시도를 할 수 있습니다. 브랜딩을 하기 위해서는 용기가 필요합니다.

생존이 먼저입니다,
다만

누구나 자신이 원하는 모습, 지향하는 목표를 갖고 살아갑니다. 그러려면 우선 살아남아야 하겠죠. 초기 스타트업은 생존이 무엇보다 중요합니다. 내가 되고 싶은 모습을 꿈꾸는 것도 중요하지만, 인지도도 자금도 부족한 상황에서 원하는 모습으로 나아가려면 우선 지금 내가 살아 있는 게 중요하겠죠. 기업들이 초반에 퍼포먼스 마케팅에 집중하는 이유입니다. 살아남아야 하니까요.

그럼에도 내가 꿈꾸는 내 모습을 명확히 하고, 그것을 만들기 위해 노력하는 것을 내려놓아도 되는 건 아닙니다. 더 나은 내 모습을 위해 투자해야 해요. 당장의 이익과 생존을 위해 퍼포먼스 마케팅을 진행하더라도, 사람들에게 어떻게 보일지, 그 안에서 우리만의 차별점이 있는지, 그것이 궁극적으로 내가 원하는 방향성을 담고 있는지 점검해볼 필요가 있습니다. 이마저 남들과 똑같이 하지는 말자는 겁니다. 하나 덧붙이자면 퍼포먼스 마케팅 효율에만 집착하지 마시고, 우리 제품이 소비자에게 어떤 만족감 혹은 경쟁력을 줄지에 더 집중하면 좋겠습니다.

세일에 대한
생각

이런 고민을 들을 때가 있습니다. 우리는 나름대로 열심히 브랜딩을 하고 있는데 한쪽에서는 또 열심히 할인하고 있다고요. 브랜드 고유의 가치를 만드는 브랜딩 활동과 별개로, 세일즈 본부(혹은 그와 비슷한 성격의 부서)에서는 매번 기획전을 진행하며 특가나 할인을 외친다는 것이죠. 열심히 만들어가는 브랜드 이미지가 자칫 '세일만 하는 브랜드'로 각인되지는 않을까 하는 우려가 들 수밖에 없습니다. 저도 충분히 이해합니다. 하지만 기업이 제품을 할인하는 데는 다 이유가 있더라고요. 경쟁사 대비 우리 제품이나 우리 브랜드에 입점한 제품이 더 비싸서 사람들이 경쟁사로 우르르 몰려가는 모습을 그냥 바라볼 수도 없고, 노 세일 정책을 고수하자니 경쟁력을 잃을 것 같기도 하고요. 시즌이 끝난 후 남은 재고는 어떻게 처리할까에 대한 고민도 있고 말이죠. (심지어 명품도 세일을 합니다.) 이럴 때 브랜딩은 무엇을 할 수 있을까요? 무조건 우리 브랜드는 세일하면 안 된다고 할 수도 없고 말입니다.

그럴 때는 두 가지 방식을 생각해볼 수 있습니다. 첫 번째는 그것을 어떻게 남들과 다르게 진행할지 고민해봐야 합니다. 세일, 세일, 또 세일처럼 자극적인 접근 말고 그 안에 우리만의 어떤 개성을 담을지 혹은 사람들이 예상 못한 퀄리티의 반전을 어떻게 선사할지 말이죠. 어떻게 하면 세일을 우리 브랜드답게 전개할지 고민해봐야 한다는 것입니다.

두 번째는 세일 때 다른 브랜드보다 더 많이 찾는 브랜드로 만드는 겁니다. 이는 세일 시즌과 무관하게 할 수 있는 브랜딩 전략이죠. 그간 브랜드의 개성과 이미지를 잘 쌓아왔다면, 평소에 우리 브랜드 구매를 (여러 이유에서) 망설이던 사람들에게 세일을 통해 브랜드를 경험할 기회를 줄 수 있습니다. 세일이 비즈니스 전략에 반드시 필요하다면 무작정 반기를 들기보다는 어떻게 더 잘 활용할지 생각해보는 게 좋겠습니다. 브랜드와 고객 모두에게 이익이 되는 방식으로 말이죠.

브랜딩이
쉽지 않은 이유

솔직히 말씀드리면 원래 어렵기 때문입니다. 사람 마음을 움직이는 일이 쉬울 리 있나요? 심지어 그 끝도 없습니다. 그저 명확하게 차별화된 전략을 세우고 꾸준히 그리고 일관되게, 때론 변주하며 열심히 할 뿐입니다. 그러는 과정에서 누군가 우리 브랜드를 다른 시각으로 바라봐줄 테고, 조금씩 그 마음이 움직입니다. 그것도 아주 조금씩 말이죠. 그래서 브랜딩을 중도 포기하는 사람도 기업도 많습니다. 수학공식처럼 인풋을 넣는다고 바로 아웃풋이 나오지 않으니까요. 결국 시장에서 브랜딩은 소수만이 잘합니다. 때론 그 소수가 많은 걸 가져가기도 합니다.

중요한 건
꺾이지 않는 마음

2022 카타르 월드컵에서 한국 축구팀이 16강에 올랐을 때 회자
된 문구입니다. 브랜딩을 지속하는 과정에서 우리가 원하는 방향
으로 잘 가고 있는지, 고객에게 우리를 좋아하는 마음이 생기고
있는지 명확히 알 방법은 그리 많지 않습니다. 그래서 때로는 지치
기도 하고 힘들기도 하지만, 중요한 것은 꺾이지 않는 마음 아닐까
요. 브랜딩을 할 때 가장 중요한 마음가짐일 것 같아 여기에 적어
봅니다.

무제

"몇 개를 잘하면 자기증명이 끝날 줄 알았다. 그런데 자기증명은 끝없이 이어지더라. 사실은 장벽이 더 커지는 거라서 내가 나를 계속 이겨야 하는 게임."

뉴진스를 성공시킨 민희진 어도어 대표(전 하이브 CBO)가 〈유 퀴즈 온 더 블럭〉에서 한 말인데, 너무 공감되었습니다. 저 역시 저를 계속 증명해야 하는 숙명(?)이 있거든요. 이때의 증명이란 차별화된 기획과 그것의 브랜딩적 성공이겠죠.

하나를 성공하면 그다음에 더 큰 성공을 만들어야 하는 부담은 막막하기도 하고, 솔직히 가끔 지치기도 합니다. 하지만 어쩌겠습니까. 흔들리는 멘탈을 부여잡고 더 나은 결과를 향해 계속 매진해야죠. 제가 저를 이겨야 하는 게임이 힘들긴 하지만, 한편으로는 그만큼 성공적인 결과를 만들 가능성(최소한 마음가짐이라도) 또한 커진다는 뜻이니까요. 최선을 다하는 수밖에요.

엔드리스
게임

저는 브랜딩을 집 짓는 과정에 비유하곤 합니다. 설계를 하고 도면을 짜고 기초공사를 하고, 하나씩 벽돌을 쌓아 집을 올리는 과정 말이죠. 그래서 멋진 집이 완성되었다고 치죠. 지나가던 사람들이 한 번씩 멈춰서 쳐다보고 들어와 보고 싶어 하는, 나아가 살고 싶어 하는 집이요.

그런데, 그거 아세요? 집은 꾸준히 관리하지 않으면 금세 처음의 모습이 사라집니다. 정원의 나무들은 아무렇게나 가지를 뻗어 집을 뒤덮죠. 집 안에는 먼지가 쌓이고 저쪽 구석에는 벌써 거미줄이 쳐지기 시작할 테고요. 그러면서 어느덧 폐가처럼 변해버립니다. 그래서 집은 사람의 꾸준한 관리와 애정 어린 손길이 필요합니다. 브랜드도 마찬가지예요. 한때는 멋진 모습이었을지 몰라도 계속 이곳저곳 관리해주지 않으면 어느 순간 사람들의 머릿속에 낡은 브랜드로 인지되기 시작하고, 서서히 잊혀집니다. 그래서 브랜딩은 끝이 없는 작업입니다. 완성이란 것 없이 계속 그 브랜드다운 모습을 고객들에게 보여줘야 하지요. 이게 곧 브랜드 매니지먼트입니다.

또 하나의 응원

언젠가 사설교육기관에 브랜드 마케팅을 배우러 온 수강생들을
만날 기회가 있었습니다. 이런저런 질문과 답을 나누기 전에 각자
의 커리어를 물어봤는데 퍼포먼스 마케터가 계셨습니다. 그분에게
왜 브랜딩 강의를 듣느냐고 물어보니, 브랜딩으로 커리어를 전환하
고 싶다고 하더라고요. 왜 브랜딩 영역으로 이직하려는지 물었다
가 퍼포먼스 마케팅은 곧 AI로 대체될 것 같다는 답을 듣고 조금
놀란 기억이 있습니다. 그렇다면 브랜딩의 미래는 어떻게 될까요?
이 역시 AI로 대체될 날이 올까요?

예전 29CM 시절에 '시티 리포터'라는 캠페인을 진행한 적이 있
습니다. 29CM라는 브랜드의 감성과 잘 맞는 해외 유명 도시에

사람들을 보내주는 이벤트였습니다. 이벤트가 몇 차례 진행되고, 한 분을 파리로 보내드렸습니다. 그런데 그분이 너무 고맙다며 파리에서 구입한 와인에 편지를 동봉해 저희 사무실로, 그것도 현지에서 택배로 보내셨더라고요. 정말 너무 기쁘고 흐뭇했습니다. 당장 공식 소셜미디어 채널을 통해 그분께 고마움을 전했죠. 그분에게 29CM라는 브랜드는 어떤 의미로 다가왔을까요? 단지 이벤트에 당첨되었으니 그것으로 끝이 아니라, 언제든 기억나는 고마운 브랜드로 다가갔을 것입니다.

고객 한 명 한 명의 이런 반응이 브랜딩을 하는 저 같은 사람을 춤추게(?) 합니다. 제가 브랜딩이라는 업에 빠져 사는 이유이기도 하죠. 단순히 브랜드를 알리는 행위를 넘어 참 보람되고 멋진 직업입니다. 그 시절 와인과 편지를 보내주신 그분께, 이 책을 계기로 다시 한 번 고마움을 전하고 싶습니다.

앞의 질문으로 돌아가 볼까요. AI가 많은 것을 대체하는 시대라 하지만, 사람의 감성을 건드리고 마음을 움직이는 일은 대신해 줄 수 없다는 생각입니다. 브랜딩 역시 그중 하나일 테고요.

어쩌면 이 책을 쓴 이유도 그래서일 겁니다. 브랜딩을 업으로 삼은 모든 분들, 지금도 자기만의 브랜드를 알리기 위해 노력하는 모든 분들의 마음에 가닿는 응원 같은 책이 되기를 진심으로 바랍니다. 고맙습니다.

Special thanks

마지막으로,
늘 저를 지지해주고 응원해주는
사랑하는 아내 윤성희 님과 두 딸 우주, 하나에게
감사의 말을 전합니다.

마음을 움직이는 일

2023년 4월 10일 초판 1쇄 발행
2024년 7월 17일 초판 4쇄 발행

지은이　전우성

펴낸이　김은경
편집　권정희, 장보연
마케팅　박선영, 김하나
디자인　황주미
경영지원 이연정

펴낸곳　㈜북스톤
주소　서울특별시 성동구 성수이로7길 30, 2층
대표전화 02-6463-7000
팩스　02-6499-1706
이메일　info@book-stone.co.kr
출판등록 2015년 1월 2일 제2018-000078호

ISBN 979-11-91211-99-3 (03320)

북스톤은 세상에 오래 남는 책을 만들고자 합니다.
이에 동참을 원하는 독자 여러분의 아이디어와 원
고를 기다리고 있습니다. 책으로 엮기를 원하는 기
획이나 원고가 있으신 분은 연락처와 함께 이메일
info@book-stone.co.kr로 보내주세요. 돌에 새기
듯, 오래 남는 지혜를 전하는 데 힘쓰겠습니다.